甘青河湟花儿民歌语法研究

卢晓霞 著

河北大学出版社
·保定·

甘青河湟花儿民歌语法研究

GAN-QING HE-HUANG HUA'ER MINGE YUFA YANJIU

出 版 人：刘相美
选题策划：杨显硕
责任编辑：韩立霞
装帧设计：杨艳霞
责任校对：刘景坤
责任印制：常　凯

图书在版编目（CIP）数据

甘青河湟花儿民歌语法研究 / 卢晓霞著．-- 保定：河北大学出版社，2024．12．-- ISBN 978-7-5666-2511-3

Ⅰ．H172.2

中国国家版本馆 CIP 数据核字第 2024KZ6511 号

出版发行：河北大学出版社
地址：河北省保定市七一东路 2666 号　邮编：071000
电话：0312-5073019　0312-5073029
邮箱：hbdxcbs818@163.com　网址：www.hbdxcbs.com
印　　刷：涿州市般润文化传播有限公司
幅面尺寸：170 mm × 240 mm
印　　张：12.25
字　　数：200 千字
版　　次：2024 年 12 月第 1 版
印　　次：2024 年 12 月第 1 次印刷
书　　号：ISBN 978-7-5666-2511-3
定　　价：58.00 元

如发现印装质量问题，影响阅读，请与本社联系。
电话：0312-5073023

目　　录

第一章　绪论

一、研究对象

本书以甘青河湟花儿民歌著录作品的语法特点为研究对象，比较探究其与河湟方言语法的关系。

（一）河湟花儿所用的语言

花儿是流行于我国西北甘肃、青海、宁夏、新疆等地的一种民歌，其代表作《花儿与少年》早已闻名天下，2006、2009 年先后被列入首批国家级非物质文化遗产保护项目和世界非物质文化遗产保护项目。花儿民歌主要分为甘青河湟花儿和洮岷花儿两大系列（赵宗福，1989），其中河湟花儿流行地域广阔，演唱民族众多，文学格式独特，曲令歌词丰富优美，影响比洮岷花儿更大。河湟花儿在甘青两省主要流行于甘肃省的临夏、东乡、和政、康乐、永靖、皋兰、广河、天祝等市县，青海省的民和、乐都、平安、互助、大通、西宁、湟源、湟中、化隆、循化、尖扎、同仁、贵德、共和、门源、都兰、格尔木等市县（李少白、李养峰，2011），这些地区正是甘青河湟方言的主要分布区。喜欢演唱花儿的不仅有以河湟方言为母语的汉族、回族，还有撒拉、土、保安、东乡、裕固、蒙古、藏等民族。因而，河湟花儿作品，除少数有汉语与民族语夹杂的“风搅雪”语句外，绝大多数使用的都是地道的老派河湟方言。

（二）河湟花儿语法的研究价值

甘青河湟方言，学界一般称为“甘青方言”，主要分布在甘肃省临夏回族自治州（古河州）和青海省东部农业区，属于中原官话秦陇片、陇中片（张安生，2013）。河湟，泛指黄河上游甘青段流域和青海湟水河流域的交叉地带，这一带自古多民族聚居，河湟方言不仅汉回两族使用，也成为当地各民族的通用语。当地各民族语中藏语属于汉藏语系，蒙古、东乡、保安、土族、康家、撒拉语属于阿尔泰语系。藏语和阿尔泰诸语虽然系属不同，但语序类型相近，都属于“OV—后置词”型语言，都有格范畴等形态。

河湟地区的多民族聚居导致语言的深度接触，河湟方言语法类型因此发生了诸多变异，呈现出系列接触性语法特征，其显著特点是OV/VO语序并行且OV占优势，名词有系统的格范畴和复数范畴，动词有一定的语态范畴（被动态、使动态）和“式”范畴（张安生，2016）。

河湟方言中的这些接触性语法型变特征在花儿歌词中都有充分体现。例如：

①木杓啦舀水桶子里倒，　　（用木勺舀水往桶里倒）
没知道桶子是漏的；　　（不知道桶是漏的）
尕嘴抿住了偷着笑，　　（你抿着小嘴偷着笑）
没知道你我哈耍的。　　（不知道你是耍我的）
（啦，后置工具格标记。哈，后置宾与格标记。）

②白杨树高了高给去，　　（白杨树高了就让它长高吧，）
折它的枝子着咋哩？　　（为什么要折断它的枝子呢？）
他俩人好了好给去，　　（他两人好了就让他们好吧，）
坏他的良心着咋哩？　　（为什么要贬损他的良心呢？）
（给，动词使动态标记。着，动词连接式标记）①

花儿作为口传文学作品，有的已经历了数百年的传唱史，因而花儿中也有

① 两首花儿引自马少青《保安族文化形态与古籍文存》，甘肃人民出版社，2001，第152、165页。

一些语法特征与当代河湟方言不尽相同。例如，花儿里宾与格标记“哈”、随联格（伴随格、工具格）标记“啦”使用率都很高，但处所格（例如从格）标记非常罕见；而河湟方言里的从格标记不仅数量多，使用也已经强制化。这在一定程度上反映了河湟方言格范畴系统化、完备化历史进程的某些特点。可见，河湟花儿歌词不仅是研究河湟方言语法的重要语料，而且对于深化河湟方言语法研究也具有重要价值。

河湟方言与当地民族语趋同的语法型变四十年来一直是国内外学界的研究热点和前沿课题，但河湟花儿的语法研究则显得非常冷落，其价值也远未被学界所发现。有鉴于此，本书拟将河湟花儿作为研究河湟方言语法的重要语料，对河湟花儿的词类、形态、句法进行系统、细致、深入的描写分析，并通过与河湟方言接触性语法特征的比较，对相关问题做进一步探讨。

二、研究现状

关于花儿的研究涉及花儿的方方面面，包括花儿的命名、内容、分类、族属、地域分布、语义解析、发展变异和花儿会等。河湟方言的语法研究近年来也受到了很多学者的关注，关于河湟花儿语法的研究相对河湟方言和花儿的研究来说还不够系统和全面。

（一）花儿研究综述

1. 花儿研究简史

花儿是我国西北地区传唱的一种民歌，通行于甘肃、青海、宁夏、新疆等地。因其独特的地方民族特色，引起研究者的持续关注和不断发掘。1925 年 3 月北京大学《歌谣周刊》第 82 号刊登我国地质地理学家袁复礼文章《甘肃的歌谣——“话儿”》和他采集的 30 首花儿，由此拉开了花儿百年研究的序章。纵观整个花儿研究的历程，魏泉鸣（1985）将其分为开端期（明清至 1949 年 10 月新中国成立前）、发展期（1949 年 10 月新中国成立至 1966 年 6 月“文革”开始）、停滞期（1966 年 6 月“文革”开始至 1976 年 10 月）、繁荣期（1976 年 10 月至今）四个阶段。随着花儿研究的不断深入，研究内容逐渐呈现出多角度、跨学科的特点，越来越多的学者从音乐学、文学、语言学、社会学、人类学、民俗学、民族学、历史学等不同角度，对花儿的名称、流派、渊源、族属、流布、内容、艺术特征、曲令类型、花儿会、花儿歌手等多个领域进行探讨，成果丰硕。

段平、柯扬的《“花儿”研究资料索引》(1982)全面梳理了1925—1981年的花儿研究相关资料，其中花儿集22部，报刊登载的花儿选25篇(部)，评论研究文章56篇。陈虎《花儿文献研究撷谈反思》(2020)整理了1979—2018年关于花儿研究的文献，全部论著有上千篇(部)，筛选符合以花儿为主体研究内容的论文为787篇。其中以2001年为分水岭，此后研究成果数量比之前增长了10余倍。

2. 关于花儿的命名

关于何为花儿，第一部全面整理研究花儿的专著——张亚雄的《花儿集》(1940)和赵宗福的《花儿通论》(1989)、郗慧民的《西北花儿学》(1989)都给出了定义。此后的研究多作沿用，并达成高度共识：花儿是一种山歌；以歌唱爱情为主要内容；主要产生和流传于甘肃、青海、宁夏三省份及新疆部分地区；除了采用独唱外，还通过花儿会让群众开展对唱、合唱等歌唱集会活动；是汉、回、藏、撒拉、东乡、土、保安等七个民族用汉语歌唱的山歌；具有独特的格律(郗慧民，1989)。

花儿的名称，存在“花儿”与“少年”之争和“花儿”因何得名之争。有学者认为“花儿”非“少年”。如赵宗福(1989)、朱刚(1982)、卜锡文(1989)认为二者传唱地区不同，河湟花儿历来甚至今日都称“少年”，洮岷花儿历来称“花儿”。李文实(1980)认为二者题材内容有别，杨沐(1984)、杜亚雄(1983)提出格律相异。这样的差异都可以归为河湟花儿和洮岷花儿的不同。有学者认为“花儿”即“少年”。张亚雄(1940)和“花儿王”朱仲禄(1987)都认为二者在实际使用上区别并不十分严格，两种叫法并存，唱“花儿”也叫漫“花儿”或盘“少年”。总体上，这一问题得到的关注不多，有待进一步研究解决。目前普遍接受的观点是“少年”为“花儿”的别称。

关于花儿因何得名，主要有以下四种观点。张亚雄(1940)提出“以花代人”说，即花儿指所钟爱的女人。王浩和黄荣恩(1962)提出“美好寄寓”说，认为花儿这一称谓并无具体所指，只是表达人们对美好事物的向往和追求。柯扬在《花儿溯源》（1982）一文中提出“咏花比兴”，推测最初是因为歌词中保留了以花卉作比兴的风俗而称为花儿，后演变为这一地区山歌的通称。武宇林在《中国花儿通论》（2008）中也认为花儿由于歌咏花卉的主题内容而得名。卜锡文（1989）认为花儿得名是“由山及歌”，因花儿源起于甘肃莲花山而成为山歌的代称，逐渐转化为歌名。

以上观点，特别是新时期提出的新观点，缺少足够丰富翔实的考证材料，权威性和可信度不高。究竟缘何得名，需要回到花儿本身，探究其最本质、最典型的特点。花儿是一种男女之间表达爱情的情歌，在主要传唱地区常把爱情与“花”这一含义美好的词联系起来命名指称，如“把爱情之事叫‘花事’，把谈恋爱叫‘缠花’，因爱情风波引起的官司叫‘花案’等”（郗慧民，1989）。因此，传统的“以花代人”的观点最符合花儿的实际特征，更令人信服。

3. 关于花儿的内容

花儿内容丰富，题材广泛，涉及情爱、人物、故事、天文、地理、山川、草木、虫鸟、风俗观念、价值判断等，其中最主要的是以爱情为主题的花儿，传统花儿更是百分之八十到九十都是情歌。赵宗福《花儿通论》（1989）和郗慧民《“花儿”的内容与文学观念——两种类型“花儿”对比研究之一》（1987）就把花儿分为情歌和其他两类。

鲁晋、段平的《花儿与民俗》（1986）细致梳理了花儿歌词中所反映的岁时风俗、礼仪风俗、日常生活风俗，以及各种农谚。安永国《既爱又恨的心灵之歌——试谈河州型花儿的忌讳》（1994）、中原律子《花儿中民间传宗接代的信仰》（1989）、杜亚雄《洮岷花儿与生殖崇拜》（1997）也从不同角度分析了花儿的内容和其中蕴含的习俗与观念。

20世纪90年代以来，关于花儿内容的研究开始更多地注重文化和宗教的剖析。阿忠荣《试论“花儿”的文化内涵》（1995）分析了花儿所反映出的物态文化、行为文化、心态文化及历史、地理、制度等方面的文化内涵。

郗慧民、郗萌的《“花儿”物质民俗的文化内涵》（2005）、刘永红《禁忌与狂欢——浅谈“花儿”的文化特征与社会功能》（2006）、苏茜《河州花儿中的生态伦理意识》（2020）分别从不同角度探讨了花儿蕴含的文化内涵、伦理观念。朱刚《河湟花儿中论述花儿的花儿》(1994)一文通过花儿的歌词内容对花儿的渊源、属性、演唱禁忌和礼仪、藏族精神的传承分别进行了论述，很有新意，形成了别致的“花儿论”。

这部分研究成果较多，但是部分研究深度不够，重复性研究较多，甚至存在错误。

4. 关于花儿的分类

由于没有统一的分类规范和类称标准，花儿的分类研究存在一些分歧。

第一，分类名称不一。早期对花儿的分类以“派别”(张亚雄，1940)之说最为普遍，1979年进入新时期以来的研究开始出现新的提法，“流派”(武宇林，2017)的使用逐渐频繁。此外，还有类型(郗慧民，1989)、体系(卜锡文，1985)、系列(赵宗福，1989)、系统(荆兵沙、曹强，2018)、歌种(杨沐，1984)等说法。郗慧民(1989)选择通用性最强的“类型”，认为“流派”“派别”都有“同源异流”之义，且各派之间大同小异，而各类花儿分布地区、艺术特点各有不同，没有一本数枝、一分为多的同源关系，用这个概念是不够恰当的。

各家异言是因为研究角度和划分标准各不相同。“类型”一词使用领域较广，不同的研究角度、划分标准都可以使用。或者可以根据研究方法区分，如从文学研究出发称“流派”，从民族学角度出发称“体系”，从音乐学角度出发称“歌种”。

第二，分类标准不一。各家的分类标准主要有地区、民族、时代、艺术特征四种。

按照地区进行划分最常见。如河州花儿的传统分类按照地区分为“四乡”：南乡花儿、东乡花儿、北乡花儿、西乡花儿。甘肃花儿、青海花儿、宁夏花儿、新疆花儿、陕西花儿也是按照流行地区划分的。20世纪80年代的地域性分法将河湟体系分为四大流派，即临夏花儿、循化花儿、互助花儿、西海固花儿。三大派说则分为大夏河流域花儿、黄河上峡谷地带花儿、湟水流域花儿。这两种分法有一定新意，但没有得到群众和研究者的普遍认同。

按照民族，可以将花儿分为汉族花儿、回族花儿、土族花儿等。受到瞩目和认可的是关于河湟花儿的民族分类，但也有数量和类别的差异。有人分为六类：回族花儿、藏族花儿、东乡族花儿、保安族花儿、撒拉族花儿、土族花儿；也有人分为回汉花儿、藏汉花儿、东乡花儿、保安花儿、撒拉花儿和土族花儿。杨鸣键在《花儿的类别及其族属》（1990）中把河湟花儿分为汉族、回族、东乡、保安、萨拉、土族、裕固和藏族八类。

按照艺术特征分类，王浩的《“花儿”的格律与流派》（1979）将花儿分为青海花儿和洮岷花儿两个“艺术流派”，认为二者形体结构有不同的特征。

按照时代，赵存禄1961年发表的《“花儿”的“来龙去脉”再探》将花儿分为西宁派、河州派、洮岷派、宁夏派等四大派别。但这种分法有一定的个人局限性，未得到太多认同。

事实上，在对花儿做具体分类时，因种类繁多、体系复杂，往往会综合考虑地域、民族和艺术特征等多重标准，进行多层次的分类。比如周梦诗的《花儿体系浅说》（《花儿论集》，1983）对以往的分类方法做了总结，在此基础上，按地区和民族兼顾的形式概括为河州、洮岷两大体系，前者有甘、青、宁三个分支，后者有南北两个分支，再依据民族和地域的不同，把这五个分支分为14个种类。周梦诗在汲取以往研究成果的基础上，系统阐述了花儿的分类体系，推进了对花儿种类的系统认识。

第三，类别数量不一。目前对花儿的分类一般是多层次的，在第一层次的划分上，二分法和三分法最常见。“二分”和“三分”争论的焦点在于陇中山歌是否属于花儿。

20世纪40年代张亚雄在《花儿集》（1940）中提出，花儿可分为洮岷花儿和河湟花儿两种，赵宗福在《花儿通论》中（1989）也沿用了这种分法。郗慧民（1989）分为临夏型花儿和洮岷型花儿两大类型。周梦诗（1983）划分的两大体系是河州花儿和洮岷花儿。大多数研究者坚持二分法，但具体的类型名称不尽相同。其中，对比“河州、河湟、临夏”三个名称，“河州”是古地名，今称“临夏”，是花儿的发源地，“河湟”指黄河与湟水。其中“河湟”对花儿的流行区域概括最为准确，因此本书统一称“河湟花儿”；若用“河州”“临夏”的叫法，最好称“河州型花儿”“临夏型花儿”，避免给人以偏概全的印象。

卜锡文的《试论花儿的体系与流派》（1989）把花儿分为三大体系：河湟花儿、洮岷花儿、陇中花儿。杨鸣健（1990）将花儿分为河湟花儿、洮岷花儿和泾渭花儿三大类。“泾渭花儿”指流行在甘肃陇中、陇东、陇南和宁夏东南部及陕西西部地区泾河、渭河流域的“花儿”。两人提法不同，但核心观点都是将陇中、陇东地区的花儿另立一类。

花儿分类的科学化、系统化、精细化，可促进花儿研究的逐步深入，加深对其历史来源和艺术特征的认识。随着研究的推进，在分类数量和具体类别上的分歧有望逐步达成一致。

5. 关于花儿的源流

花儿的源流，是花儿研究中的热点。关于花儿的发源地，一致认为是“古河州”。明清时期的河州包括现今的青海省湟源、湟中、大通、西宁、互助、尖扎、同仁、乐都、化隆、循化、民和，甘肃省的积石山、临夏、永靖、和政、东乡、广河、康乐等地，与现在的河州是两个不同的地理概念（周亮，2010：188）。

关于花儿源于何时，比较有代表性的观点有元代说、明代说等。郗慧民的《多系统文化融合的结晶——“花儿”渊源探寻》（1988）、赵宗福的《花儿通论》（1989）和李文实的《“花儿”与〈诗经·国风〉》（1980）持相同观点，认为“河湟花儿形成于明代”。

1962年，孙殊青发表《“花儿”的起源——花儿探讨之三》，认为元代散曲和花儿有着渊源关系。魏泉鸣1986年发表的《青海对花儿来龙去脉的探讨》对孙教授的论文高度评价，“觉得‘花儿源于元代说’实在是至今各种说法中最值得注意的”，如果“以元代说为突破口”，“能够真正弄清楚花儿的来龙去脉”。

此后，不少学者以此为切入点，寻求突破。柯杨在《“花儿”溯源》（1981）一文中旁征博引，以大量文献资料为基础，从花儿产生的历史地理背景、花儿与各民族文化交流之间的关系以及花儿会起源于民间迎神赛会和祭祀活动等方面，进行了充分论证，认为花儿产生于元末明初。武宇林在《中国花儿通论》（2008）中对元代的民族迁徙、民族语言、音乐、文学等方面进一步综合分析，得出同样的结论。刘凯《“花儿”——蕴育成长于西部的独特民歌》（2000）也认为“花儿产生于元末明初，至今已有六百年左右的历史”。黎蔷（1996）从音乐的角度分析元曲和花儿在曲调和衬字上的相近相通，力求“证实元曲与花儿非同一般的传承关系”。

其他观点因缺少足够客观科学的考证和分析，关注和认同者较少。

6. 关于花儿的地域分布

花儿的地域分布分静态和动态两个方面，即花儿流行地区的分布情况及其历史流动变化。郗慧民《西北花儿学》总结西北花儿的流行地区为“甘青宁毗连区和新疆‘飞区’两个部分”（郗慧民，1989：29），具体流行地区包括大夏河流域、洮河流域、青甘境内的黄河流域、湟水流域、大通河流域、宁夏境内的黄河流域、宁夏六盘山地区。其中河州型花儿（即本书河湟花儿）分布于甘肃临夏、和政、广河、东乡、永靖、天祝、永登、积石山，青海循化、化隆、同仁、贵德、共和、湟源、湟中、西宁、东都、民和、门源、大通、互助，宁夏吴忠、中卫、中宁、西吉、海源、固原、同心，新疆玛纳斯、米泉、阜康、昌吉、呼图壁、奇台、吉木萨尔35个县市地区（郗慧民，1989：32）。

屈文焜《“花儿”的空间系统》（1995）也持同样观点，认为“花儿”经过数百年绵延不断的传播，形成了“北起前河套及腾格里沙漠边缘、南至渭河上游及洮河中上游，东起毛乌素沙漠边缘、西接日月山与河西走廊，横跨甘、宁、青三省区的四五十个县市，面积约30万平方公里的花儿流行区”。此外，“还有两个花儿‘飞地’：一个是东部天山下的新疆昌吉回族自治州；另一个是西部天山下的吉尔吉斯斯坦的东干族聚居区”。

关于花儿地域分布的历史流动变化，周梦诗《试谈“河州花儿”的族属问题》（1984：202）总结了十余条花儿传播路线。其中“南路有三条：1. 临夏—合作—郎木寺。2. 宁夏—桥沟—拉卜楞。3. 临夏—松潘。北路有三条：1. 临夏—莲花—高庙子—西宁。2. 临夏—平番—凉州—肃州。3. 临夏—官厅—西宁。西路有两条：1. 临夏—循化—贵德。2. 临夏—循化—西宁。东路有三条：1. 临夏—中坝。2. 临夏—西安。3. 临夏—成都—茂州。水路有两条：1. 莲花—兰州—宁夏。2. 循化—莲花—兰州—包头”。

陈虎在《花儿文献研究撷谈反思》（2020）一文中以图表形式展示了花儿流传区域和花儿会分布等。

7. 关于花儿的语义

花儿的语义研究主要涉及方言词和外来词释义、用字考释、俗语分析和民俗文化等方面。

曹强在2010—2015年先后发表6篇论文：《基于问题意识的“花儿”语言研究》(2010)、《试论“花儿”的错误接受》(2011)、《“花儿”歌词注释中存在的问题》(2012)、《试论“花儿”称谓语蕴含的民俗事象》(2012)、《试论“花儿”的语义增值接受》(2013)、《传播学视阈下的“花儿”歌词用字问题》(2015)，集中探讨了花儿歌词的注释和用字问题，并分析了由于不谙方言、不懂格律、不解民俗等原因造成的误读和曲解，特别是民俗学、人类学和民族学的缺席，造成了花儿研究的缺憾和局限。

田耿辉《论“花儿”歌词注释应注意的问题》(2012) 总结了“花儿”歌词注释应遵循的原则；王小敏《论河州花儿的方言词语及修辞特征》(2013) 着重对花儿常见的方言名词、动词、形容词和语气词等进行了简明释义，为研究者提供了参考。

刘凯《俗语与“花儿”》(1980)、蒲生华《河湟“姑舅”称谓考释》(2013)、孔祥馥《试析河湟“花儿”语言中蕴涵的民俗文化现象》(2012) 分别对花儿歌词的词语做了不同专题的分析或考证。

8. 关于花儿的发展和变异

花儿属于国家非物质文化遗产保护项目之一。2006年5月20日，花儿经国务院批准列入第一批中国国家级非物质文化遗产名录；2009年9月，甘肃花儿成功进入联合国教科文组织“人类口头和非物质文化遗产代表作”名录。郝苏民《文化场域与仪式里的“花儿”从人类学视野谈非物质文化遗产保护》(2005)、赵宗福《西北花儿的研究保护与学界的学术责任》(2007)、柯杨《人类非物质文化遗产代表作之一——花儿的保护、传承与创新》(2011)、韩陆山和冯岩《“花儿”文献资源的收集保护和开发利用》(2015)、苏娟《“一带一路”视阈下河湟花儿音乐文化的传承与保护》(2019) 从不同角度阐述了“花儿”作为人类非物质文化遗产的传承和保护。

花儿在流传发展的过程中，在格律、曲令、歌词、演唱风格，甚至传播方式等方面会发生一些改变。郗慧民《西北花儿学》认为花儿的曲令、衬词、正词都有一些发展和变化，花儿剧就是在花儿传承基础上的创新和发展。

马丹《论“花儿”传唱中的传承性、变异性和创新性》(2008) 分析了花儿在传承的过程中因方言误读误写产生的语音变异和演唱技法的创新。

周亮《文化生态学视域下的花儿民歌当代变异现象》(2012)谈到花儿在历史发展过程中由于地域的变化、不同民族文化的碰撞,曲令、歌词和演唱风格都发生了一些变化,但改革开放以来,城市的扩张和人口的流动改变了花儿赖以传承的基本条件,逐渐消解了花儿的原生态特质。

9. 关于花儿会

花儿会是青海、甘肃、宁夏等地每年一度自发组织参与的花儿民间歌唱活动。花儿会的名称由花儿王朱仲禄第一次提出,出现在1953年出版的《花儿选》序言中。此前,花儿会一般叫"某某庙会",或者有自己的名称,如青海老爷山花儿会叫"朝山会"、瞿昙寺花儿会叫"观经会"。

张喜臻《"花儿会"由来演变试说——兼论"花儿会"与宗教巫术礼仪的关系》(1993)认为"'庙会''浪山会''花儿会',是花儿演唱活动这一民俗事象生成演变的三个阶段"。郗慧民《西北花儿学》(1989)总结了关于花儿会的传说,认为花儿会和山有关,指出了花儿的歌唱地点;和神仙宗教有关,说明了歌唱的目的、性质或内容。

花儿会的来源,历来说法不一。赵宗福(1989)认为花儿源于庙会等祭祀活动。郗慧民(1989)则认为花儿会与宗教祭祀活动无内在联系,庙会上唱花儿,是对这一群众集会场合和时机的利用而已,因为花儿歌唱活动并不全在庙会上举行,也在其他群众集会的场合进行。郗慧民在《西北花儿学》(1989)中列出了约100个花儿会场,地点集中在甘肃临夏、临洮、岷县和青海东部地区,时间多在农历四月至七月,尤其是五六月份的农闲时节,重点介绍了莲花山、二郎山、松鸣岩、炳灵寺、瞿昙寺花儿会。其中莲花山和二郎山属于洮岷型花儿会,其他是河湟系列花儿会。罗学红《松鸣岩花儿会的调查》(2004)也倾向于郗慧民的观点。

乔建中《甘肃、青海"花儿会"采访报告》(1987)对莲花山、丹麻寺、瞿昙寺的花儿会会址和会期选择、程序和民俗、对歌方式、创作特点、音乐文学形态分别做了详尽的介绍,并分析了花儿会的成因、价值与前途。

李言统《青海四大花儿庙会的调查报告》(2009)选取青海规模最大的民和七里寺花儿庙会、乐都瞿昙寺花儿庙会、大通老爷山花儿庙会、互助五峰寺花儿庙会,综合分析其时间地点的选择、信仰表现、演唱形式、文化互动等特点和整体民俗文化特征。

吕一冉《河湟花儿会习俗的形成与活动形式研究——以老爷山花儿会为例》（2017）通过调查采访阐述了河湟花儿会的来源及历史联系、活动形式、社会价值。

（二）河湟花儿的语法研究综述

1. 河湟花儿语法研究简史

1940—1980 年，开端期。作为第一部全面整理研究花儿的专著，张亚雄的《花儿集》（1940）通过田野调查，不仅介绍了花儿的内容、派别、风格，还集中精选了 627 篇花儿，并附有花儿常用语汇索引，其中对多个虚词进行了注音、说明用法，补充了例句或使用范围，是第一次对河湟花儿的语法探讨。

1981—2000 年，发展期。学者不仅注意到河湟花儿的独特语法现象，也试图从接触语言学的角度探究其来源。赵宗福《花儿通论》（1989）在“语言艺术”一节简要归纳了河湟花儿的几个突出语法特点，如“哩、么、哈”等虚词的使用，选择疑问句、代词重叠使用的省略句、宾语提前的倒装句等，内容不多，但对于词法、句法和形态都有涉及，并列举多篇花儿作为语料加以说明。郗慧民《西北花儿学》（1989）在“独特的西北汉语方言”一节对河湟花儿的名动形三类实词、与普通话迥异的语序、“名＋下（哈）”结构、“名＋啦”结构进行了分析，并初步概括了河湟花儿语法中比较普遍的格范畴，包括宾格、与位格、凭借格和联合共同格，通过和阿尔泰语系的撒拉语、土族语、东乡语、保安语对比，认为“河湟花儿的非汉语特征是受到阿尔泰语系语法共同规律影响所致”。

刘凯《“花儿”流传中的一种奇异现象——风搅雪》（1981）对河湟花儿中特殊汉藏双语混用的花儿，即当地俗称的“风搅雪”花儿汉藏语混用的三种方式进行了总结。另一篇文章《“花儿”中的方言语法结构及一些虚词使用问题的探讨》（1982）则较赵宗福（1989）、郗慧民（1989）更早地注意到了河湟花儿语法中特殊的非汉语特征，内容更丰富些，分析了“把”字句、名词的复数标记“们”、用在句尾的引语标记“说”、语助词“价”、语气词“吧”、句中语助词“好”，是目前对河湟花儿语法进行专门研究的内容最丰富的文献。

朱刚和韩建业《河湟“花儿”族源试探——从河湟“花儿”的若干语言现象谈起》(1986) 分析了河州话的三个主体句式“名+啦”“名+哈”和“者”字句，并比较了河州话与突厥语格范畴的相似性，由此推论汉语河州话，是元代操突厥语的回族人在迁居河州，接受汉族文化后所逐步创造形成的一种汉语方言。

马甘《谈“花儿”中的民族语言》(1986) 也认为“花儿”在语法上受到土、回、藏、撒拉、保安等兄弟民族语言的影响。文章除了分析典型的“宾—动”倒装句式和常用的语助词之外，还分析了河湟花儿附加和重叠的构词形式。

王沛编著的《河州花儿研究》(1992) 对河州花儿的渊源与流布、内容与艺术、格律和曲令，以及“特殊的语音、独有的词汇、奇异的语法”做了比较详尽的分析和介绍，还分析了羌藏、回、东乡、保安、撒拉和土族语言的影响。扎西东珠和马岱川《试论安多藏语与河湟花儿的内在联系》(1994) 通过对比汉藏语的语法结构，认为河湟花儿语言的独特处就在于“采用了安多藏语的语法结构方式，而构词材料却是汉语的”，河湟花儿与安多藏语的内在联系就是“汉语母语和载体（藏语语法结构）的关系”。刘凯《西部“花儿”中的藏族文化基因》(1999) 也通过对比河湟花儿和藏语的虚词用法和语法结构，认为这些语法现象是“受藏语影响所致”(刘凯，1999：85)。

2001 年至今，沉寂期。20 年来，河湟花儿的语法研究原本应该经过前一阶段的积累和相关学科的促进而迎来蓬勃发展，却归于沉寂，囿于瓶颈，成果寥寥。以 2001 年为分水岭，此后花儿整体研究繁荣兴盛，“研究成果数量比之前提高了 10 余倍”(陈虎，2020：64)，在几百篇文献及著作中河湟花儿语法研究占比只有一成左右。

这一时期比较重要的成果是李少白、李养峰主编的《河湟花儿大全》(2011)，收集花儿一万多首，其中包含相当数量的传统花儿，可作为河湟花儿语法研究的重要语料库。

郝苏民《回回人的世界：语言、文明、交融的轨迹——人类学的视野：“父母语”和“河州花儿”语言的两个个案》(2005) 认为可从人类学、民族学的视角出发，对聚居河湟地区演唱花儿的民族的历史迁徙、族群结构、语言的发生和影响进行考证与分析。因为花儿歌词中的“奇异现象”，如 SOV 结构、代词

"我我"连用，正是河州花儿所用河州话的"语言底层"透露出的"另种语言遗存在至今汉语的'残片''遗迹''活化石'"。在没有完全失去母语的情况下，用河州话（河湟话）共唱花儿，是由于同属于阿尔泰语系的裕固族、保安族、土族、东乡族、撒拉族等民族的语言在构词法（词干后黏附成分）、形态学（体词后有格变成分）上有很大一致性。这种跨学科的方法未来应该成为花儿语法研究的发展方向。

雷汉卿《西北"花儿"语言问题刍论》(2015) 从"花儿"歌词用字的角度整理考证了虚词"hɑ"的各种用法，认为宾语后的"hɑ"是介词，和藏语宾语后的 lɑ 用法相同，所以"hɑ"是"汉藏语言的合璧现象"。

关于花儿语法的研究，学者普遍注意到了河湟方言融合多个少数民族语言，特别是阿尔泰语系语法句式的多元化语言特色，并从民族融合与语言接触的角度追溯了河湟方言特殊语法现象的成因。

2. 河湟花儿词法研究

关于河湟花儿实词，郗慧民（1989）分析了名、动、形三类实词，王沛《河州花儿》(1992) 分类整理了河湟花儿的名、动、形、副、代五类实词，都逐一解释并举例说明。

河湟花儿的虚词受到的关注较多。张亚雄的《花儿集》(1940) 在花儿常用语汇索引部分对一些常用虚词做了简明的注释，将"者、啦、哈、来、吧"解释为"语助词"，"哩、是、了"是"收声词"。王沛（1992）整理了"哈、啦、者、了、吧、个"6个虚词的各种用法，并分别举例。刘凯（1982）结合河湟花儿歌词分析了虚词"哈、啦、者（着）、吧、价、说、好"的不同用法，是同类研究中涉及虚词最多的。刘凯（1999）在前一篇文章的基础进一步分析了这些虚词的来源，印证了河湟花儿和藏语的密切关联。扎西东珠、马岱川（1994）的分析和观点与刘凯相近。雷汉卿（2015）从语言接触的角度分析了花儿中"哈"的来源。朱刚和韩建业（1986）还提到名词后的"哈"在花儿实际演唱时会发生语音的变体，变读为［a］。

3. 河湟花儿形态研究

郗慧民（1989）首次分析了河湟花儿语法的格范畴：宾格、与位格、凭借格和联合共同格。他不同于其他学者更多地解释虚词用法，而是从本质上将

“吓（哈）、啦”定性为格标记。扎西东珠、马岱川（1994）和刘凯（1999）都是从格标记格范畴入手探究河湟花儿语法和藏语的渊源。刘凯（1999）认为“们”是名词的“多数标记”，并总结了不同于普通话的用法。马甘（1986）分析了河湟花儿附加和重叠的构词形态。

4. 河湟花儿句法研究

河湟花儿特殊的“宾—动”语序是学者普遍注意到的问题。郗慧民（1989）、赵宗福（1989）、刘凯（1999）、朱刚和韩建业（1986）、马甘（1986）都对这一现象进行了比较详细的说明，称这种句式为“倒装句”。刘凯（1999）分析了“把”字句不表示处置的其他用法，“……哩嘛……”“……哩嘛……哩”构成的选择疑问句和陈述句，人称代词不加介词的重叠使用。赵宗福（1989）也认为人称代词“你我”或“你你”“我我”貌似重叠，实为省略了介词。

（三）河湟方言语法研究综述

1. 河湟方言语法的系统研究

迄今为止，对整个河湟方言语法进行综合全面研究的成果尚属缺如，只有几部描写单点方言语法系统的著述，包括一部方言志和两部专著：张成材和朱世奎编著的《西宁方言志》（1987）、兰州大学中文系临夏方言调查研究组编著的《临夏方言》（1996）和徐丹的《唐汪话研究》（2014）。《唐汪话研究》是第一部研究唐汪话的专著，其中全面介绍了唐汪的历史地理状况，唐汪话的语音系统、构词法、句法和语言接触与融合的情况，并运用生物学、语言学、考古学进行跨领域、跨学科的综合研究，认为甘青语言区域的唐汪话等汉语方言有趋同的特征，如“宾—动”语序和格标记系统。

另有6篇论文，分别为阿·伊布拉黑麦《甘肃境内唐汪话记略》（1985）和《关于唐汪话的几个问题》（2017）、马伟《试探河洲话的产生基础》（1997）、马梦玲《青海贵德刘屯话记略》（2019），都对所研究方言进行了语音、词汇和语法的全面描写。张成材在2005年、2007年分别发表《甘肃方言特点举要（一）》《甘肃方言特点举要（二）》，比较了甘肃数十个县的语音系统异同、方言词和相应记音，以及典型语法结构的用法。

张建军《河州汉语方言成因探析》（2008）分析了历史上的区划归属、移民迁徙、多民族共存一体的格局等多个方面对河州方言形成的影响，认为河州汉语方言是“历史上汉人移民周边化和民族语言汉语化的产物”。孔祥馥《青海方言研究现状及方法探析》（2007）探讨了青海方言研究的现状，并从描写研究、比较研究，兼通其他学科研究的角度简单总结了青海方言研究的方法。

2. 河湟方言的词类研究

河湟方言语法词法方面的研究分实词和虚词两方面。

实词类研究只有 3 篇论文。靳玉兰《青海方言中的程度副词“糊涂”》（1995）分析了青海方言中程度副词“糊涂”的语义和用法，并认为“汉语青海方言中用于谓语前作状语的程度副词‘胡都’（或作‘糊涂’），是借自土族语、保安语的一个外来词”。王双成《汉语青海方言的动词重叠式》（2008）比较了青海方言和安多藏语动词的重叠形式和语法意义，认为二者存在很多相似之处，与现代汉语反而差别较大，其原因是“安多藏语长期对青海方言影响的结果”。李鸿春《青海方言中形容词重叠式的评价意义分析》（2013）运用语法学家的评价理论，分析了西宁方言中形容词的重叠式，认为“除 AABB 式，其他重叠式都可以表达丰富的鉴赏性评价意义”，且“多用来表达说话主体对对象的负面评价”。李鸿春（2013）借鉴了国外的理论，研究角度比较新颖；靳玉兰（1995）和王双成（2008）从民族语言的接触影响探究汉语青海方言特殊语法现象形成的历史原因。

虚词研究的成果相对略多，共 9 篇。目前收集到的资料只有一篇研究甘肃唐汪话，其余都以青海方言为研究对象。其中两篇总体上对西宁方言的介词特点和类型进行了分析和研究。张成材《西宁及周边方言介词初探》（2006）考察了西宁及周边地区汉语方言的介词及其相关义的各种表达法，语料除青海西宁地区的口语还有青海花儿的用例。王双成《西宁方言的介词类型》（2012）分析了西宁方言的前置介词和后置介词，认为从语言类型学的角度看后置词的使用特点和西宁方言语序类型的变异相和谐，也和 SOV 语言的接触密切相关。

贾晞儒《青海汉话的“着”与青海蒙古语的 dʒ》（1993）、马伟《循化方言的“是”与撒拉语［sa/se］语法功能比较》（1994）、都兴宙《论西宁话里的虚词“liɑ”》（1995）、雷汉卿《青海乐都方言的语气助词“哈”》（2017）、马梦玲《青海方言中“可”的语法特点》（2014）、罗端《唐汪话里语气词“说”“说着”的语法化过程》(2013)、张安生和舍秀存《西宁回民话的强调助词“也”及其来源》(2016)都分析了单个虚词的用法和特点。

马梦玲《青海方言中“可”的语法特点》(2014)分析了青海方言中“可”不同于普通话的用法，如表“又”“再”“却”意义、“已然”“又是”的用法、附加在句尾表语气的用法，都呈现出虚化特征。其他文章在细致分析虚词用法的同时，都对不同于一般汉语方言的特殊虚词用法做了来源上的分析，并一致认为这些特点是受到周围蒙古语、土族语等阿尔泰语系语言的影响。

3. 河湟方言的形态（范畴）研究

尹龙《循化话中人称代词的变格范畴》早在1985年就注意到了循化话人称代词特殊的变格范畴，认为循化话人称代词的变格是上古汉语的人称代词变格的继承和保留。

徐丹《唐汪话的格标记》(2011)、杨永龙和张竞婷《青海民和甘沟话的格标记系统》(2016)分别整理总结了唐汪话和甘沟话的格标记，并得出结论：这与阿尔泰语系的基础影响密切相关。张安生《甘青河湟方言名词的格范畴》(2013)基于甘青河湟地区26市县汉语方言的语法调查材料，考察了河湟方言名词格范畴的地理分布，基本特征及类型属性，格范畴的次类层级、语法意义及句法功能，探讨了河湟方言后置格标记与相关前置词的分布特点、优势等级及其与语序的关联，认为这种异源性语法特征是受到回族、阿尔泰语民族以及藏族语言影响的接触性语法特征。

张安生《西宁回民话的引语标记“说着”“说”》(2007)、杨静《青海汉语方言SOV句式宾格标记的考察》(2011)、杨永龙《青海民和甘沟话的多功能格标记“哈”》(2014)和《青海甘沟话的反身领属标记“囊”——“转用导致的干扰”的个案研究》(2015)、张竞婷《青海民和甘沟话的状语从句标记“是”及其来源》(2017)分别对青海方言的单个标记进行了考察和分析，并与阿尔泰语系语言进行对比，表现出高度的相似性。

雷汉卿《青海乐都话中“们”的用法探索》(2008)、徐丹《汉语河州话及周边地区非指人名词的复数标记“们”》(2011)、杨永龙《青海甘沟话复数标记“们”的类型特征及历史比较》(2014)、周晨磊《青海贵德周屯话的“们”》(2016)分别对青海话与河州话的复数标记“们”的用法做了详尽的描写和分析，“并从跨语言和历史变化的角度揭示其类型特征及其与语言接触的关系”（杨永龙，2014），认为河湟方言“们”的用法是汉语自身发展和阿尔泰语系语言影响两方面所致。

马梦玲的《西宁方言的“哈”“俩”及其语序类型学特点》（2009）和《西宁方言中与语序有关的附置词及其类型学特点》（2009）对西宁方言中的后置词用法进行了描写和类型学分析，并提出这种后置词占优势的语法特点可以“从阿尔泰诸语言对西宁方言的影响来认识和探讨”（马梦玲，2009：124）。赵绿原《甘沟方言的动词后附成分》（2015）作为一篇硕士论文对甘沟方言的动词后附成分做了详尽的分析，并讨论了语言接触对甘沟话动词类形态成分产生的可能影响。文章提出“甘沟话可能以汉语为底层，在接触过程中，受阿尔泰语特征的影响，产生了新的语法范畴（通过接触产生的语法化），并随之发生了语法系统自组织性的调整”。

4. 河湟方言的句法研究

很多学者都注意到河湟方言在语序上呈现出不同于现代汉语和其他方言的特点，并力求探究其形成的历史原因。如 SOV 句式在河湟方言中的使用，目前学界比较一致的看法是，西北方言 SOV 句式不是先秦汉语 SOV 句式的遗留，而是受周边少数民族语言的影响而产生的。以甘沟话为例，虽然其 SOV 语序和土族语和藏语都高度一致，但“更多的结构分布细节与土族语更为一致”，“表明甘沟话可能与土族语关系更为密切”（杨永龙，2015）。

贾晞儒《对河湟汉语几个语法现象的分析》（1990）通过分析河湟汉语的宾—动句式、带状语的否定句式的特殊语序、把字句和比较句的特殊用法，并与蒙古语进行比较，认为河湟方言的语法现象“无不有阿尔泰诸语言影响的痕迹”。莫超、张建军《从语法特点看唐汪话的语言性质》（2015）对唐汪话的宾—动句式、格范畴、数范畴、体、态、副动词-thala 的用法等语法特点进行研究，认为唐汪话受到阿尔泰语系语言影响更大，是一种混合程度较低的混合语。

汪忠强《谈谈青海方言的特殊语序》（1984）对青海方言的特殊语序做了全面分析，杨静《青海汉语方言 SOV 句式研究综述》（2009）总结了 20 世纪 50 年代以来青海汉语方言 SOV 句式的语序研究和与周边少数民族语言的比较研究情况，概括了各阶段的研究成果，指出了目前的研究现状和不足。马梦玲的

《西宁方言中 SOV 句式浅析》(2002)、《西宁方言 SOV 句式类型学特点初探》(2007) 从类型学角度出发，总结了 SOV 句式的特点，认为“西宁方言中独有的句式实为族群接触、语言接触的结果”。徐丹《甘肃唐汪话的语序》(2013)、杨永龙《青海民和甘沟话的语序类型》(2015) 分别对唐汪话和甘沟话的语序类型进行了归纳。罗太星《青海汉语方言中的“宾—动”式——兼与程祥徽、张成材同志商榷》(1981)、王森《甘肃临夏方言的两种语序》(1993)、任碧生《西宁方言的前置宾语句》(2004) 也对语序进行了相关研究。总体来看，在与民族语进行对比，探究语言接触对河湟方言语序的影响方面还应进一步系统和深入，研究成果描写多于对比分析。

在河湟方言的句式研究方面，谢晓安和张淑敏《甘肃临夏方言的疑问句》(1990)、靳玉兰《浅析青海方言“把”字句的几种特殊用法》(1995)、任碧生《西宁话“把”字句的多样性》(2005)、杨静《西宁方言把字句句法语义语用分析》(2015)、王双成《青海西宁方言的给予类双及物结构》(2011)、王双成《西宁方言的差比句》(2012)、张安生《甘青河湟方言的差比句——类型学和接触语言学视角》(2016)、敏春芳和雷雨《临夏回民汉语的“S 是＋N 是/不是是”句》(2016)、赵绿原《青海民和甘沟话的致使结构》(2019) 等多篇论文对河湟方言的疑问句、把字句、差比句、判断句、致使结构、给予类双及物结构进行了语义和结构分析，早期的研究以描写为主，2000 年以后开始运用语言类型学理论对句式进行分类，并利用民族语材料跨语言分析探讨这些句式特殊结构和用法的来源：有历史继承，也有多元化的语言接触影响。

桥本万太郎在《北方汉语的结构发展》(1983) 中认为“现代汉语方言显示出世界罕见的由南至北或从北到南的语言结构的类型推移”，这“促使我们把中国南方边境的汉语与南亚语联系起来，把中国北方边境的汉语与阿尔泰语联系起来”。这里的“联系”指“语言结构类型上的关联”，汉语青海方言中“宾语＋动词”“系词的补语在系词之前而不在其后面”就是阿尔泰语“侵入汉语方言的生动例子”。

此后，很多学者以此为依据进行河湟方言研究的民族语比较分析。马树钧《汉语河州话与阿尔泰语言》(1984)、李克郁《青海汉语中的某些阿尔泰语言成分》(1987)、席元麟《汉语青海方言和土族语的对比》(1989)、敏生智《汉语青海方言与藏语安多方言》(1989)、谢晓安等《甘肃临夏汉语方言语法中的安多藏语现象》(1996)、雒鹏《河州话语法——语言接触的结果》(2004)、张竞婷《保安族汉语方言格范畴研究》(2013)和《保安族汉语方言格标记及其演变》(2015)、王双成《青海的多语言环境和语言接触》(2014)、莫超《语言接触视角下的汉语河州话研究综述》(2017)和《语言接触与河州方言的形成》(2018)、贾晞儒《多语接触中的青海汉话与蒙古语》(2018)、徐丹《甘青一带语言借贷的历史层次及模式》(2018)、杨永龙《甘青河湟话的混合性特征及其产生途径》(2019)专门将河湟方言与汉藏语系的藏语，以及阿尔泰语系的土族、蒙古、东乡、保安、撒拉等民族语进行系统的对比分析，发现清晰的对应规律，从而证实河湟方言是“具有混合语特征的汉语方言”。从以上研究可以看出，近十年来，对于河湟方言和民族语比较的研究逐渐增多，且不断深入。

5. 河湟方言语法的语言接触与类型演变研究

河湟方言区域性的语法特点在20世纪就已引起了许多学者的关注，多位学者从语言接触与语法演变的角度对河湟方言的特殊语法现象进行追根溯源，探究处在多民族聚居地区的河湟方言与少数民族的语言接触、融合与借贷，如陈乃雄《五屯话初探》(1982)、《五屯话的动词形态》(1989)，马树钧《汉语河州话与阿尔泰语言》(1984)，李克郁《青海汉语中的某些阿尔泰语言成分》(1987)，阿·伊布拉黑麦《甘肃境内唐汪话记略》(1985)，席元麟《汉语青海方言和土族语的对比》(1989)，宋金兰《青海汉语助动词“给”与阿尔泰语言的关系》(1990)、《汉语助词“了”“着”与阿尔泰诸语言的关系》(1991)，贾晞儒《对河湟汉语几个语法现象的分析》(1990)、《青海汉话的“着”与青海蒙古语的 dʒ》(1993)、《多语接触中的青海汉话与蒙古语》(2018)，敏生智《汉语青海方言与藏语安多方言》(1989)，谢晓安、张淑敏《甘肃临夏方言的疑问句》(1990)，兰州大学中文系临夏方言调查研究组《临夏方言》(1996)等。其中马树钧、李克郁、席元麟、贾晞儒、宋金兰等侧重分析河湟方言与蒙古语、土族语等阿尔泰语言的关系；敏生智、谢晓安等主要分析河湟方言与安多藏语的渊源。

2000年以后，运用语言接触理论探究河湟方言语法现象成因的成果明显增多，而且点面结合，既有对河湟方言语法系统的整体分析，也有以某个或某类具体的典型语法现象为切入点的研究。整体分析的如雒鹏《河州话语法——语言接触的结果》(2004),王双成《青海的多语言环境和语言接触》(2014),莫超《语言接触视角下的汉语河州话研究综述》(2017)、《语言接触与河州方言的形成》(2018),徐丹《甘青一带语言借贷的历史层次及模式》(2018),杨永龙《甘青河湟话的混合性特征及其产生途径》(2019)。从具体语法点切入进行语言接触分析的,如:包萨仁(2006)分析了东乡语和临夏话的语序变化;马梦玲《西宁方言中与语序有关的附置词及其类型学特点》(2009)将西宁方言SOV句式与阿尔泰语进行了比较;张安生《甘青河湟方言名词的格范畴》(2013)全面总结了河湟方言的格范畴,《甘青河湟方言的差比句——类型学和接触语言学视角》(2016)从类型学和接触语言学视角分析了河湟方言的差比句;敏春芳先后发表《甘青民族地区语言接触中的"格"范畴》(2014)、《语言接触视域下临夏话"是"字句特殊用法研究》(2015)、《临夏回民汉语的"S是+N是/不是是"》(2016)、《语言接触视野下甘青河湟方言"着"字句研究》(2020),从语言接触视域分析了河湟方言的格范畴、是字句、着字句;张竞婷《保安族汉语方言格范畴研究》(2013)、《保安族汉语方言格标记及其演变》(2015)对保安族汉语方言的格范畴和格标记做了详尽的归纳和总结,《青海民和甘沟话的状语从句标记"是"及其来源》(2017)分析了青海民和甘沟话的状语从句标记"是"的多种用法和历史来源;戴庆厦(2001)比较了藏缅语和汉语的述宾结构;李崇兴《论元代蒙古语对汉语语法的影响》(2005)列出具体实证力求证明元代蒙古语对汉语语法的影响。这些研究对河湟方言因受到历史语言接触影响而产生的演变提供了佐证。

总结起来,对河湟方言受到的历史语言接触影响的研究大致集中在三个方面。

河湟方言与阿尔泰语有密切关系,张安生《西宁回民话的引语标记"说着""说"》(2007:354)认为语序是甘青汉、藏、阿尔泰诸语"语言联盟"最显豁的区域特征;但是从名词格标记的类型看汉语河湟方言与阿尔泰诸语属于宾格型语言,藏语属于"作格型"语言,这可以作为考量语言关系的一个重要参项。徐丹《甘青一带语言借贷的历史层次及模式》(2018)认为甘青汉语及变体的格标记和周边非汉语的格标记很类似,尤其和蒙古语族的诸语类似,与安多藏语的格标记有本质的区别：甘青汉语及变体和蒙古语族诸语都属于主格/宾格标记类型语言，而安多藏语属于作格/通格标记类型的语言。

河湟方言和藏语有密切关系，敏生智《汉语青海方言与藏语安多方言》（1989）认为汉语青海方言和藏语安多方言既有同源成分，又相互影响。仁增旺姆《汉语河州话与藏语的句子结构比较》（1991）通过对藏语安多方言夏河话和汉语河州话进行比较，认为藏语对河州话产生历史影响的可能性非常大。从语言发生学的角度来说，汉语河州话产生的基础是藏汉两种语言，而阿尔泰语系诸语言与汉语河州话句子结构的相似则属于类型学的问题。扎西东珠、马岱川《试论安多藏语与河湟花儿的内在联系》（1994）认为河湟方言保持了汉语的基本语汇，吸收了藏语的语言结构，形成了独特的汉语方言岛，是“一种介于汉语和藏语二者之间的内部结构严整的符号系统”。谢晓安、华侃、张淑敏《甘肃临夏汉语方言语法中的安多藏语现象》（1996）根据实地调查材料，通过对比的方式，从名词后缀，形容词、远指代词、副词的语法手段，表示方式方法的后置词，虚词的运用，语序，假设条件转折顺承关系复句的关联词，部分特指问句、正反问句的结构等七个方面描写了临夏汉语方言中的安多藏语现象，认为临夏汉语吸收了大量的藏语成分，显示出明显的藏语特点。

河湟方言与阿尔泰语和藏语都有关系。雒鹏《河州话语法——语言接触的结果》（2004）认为河州话语法的区域性特征是藏缅语和蒙古语族语言共同接触融合的结果。先是操藏缅语的民族与汉族的接触融合，形成了“SOV”语序结构。其后，随着蒙古语族民族的进入，蒙古语与之前的具有区域性特征的“SOV”型语言进一步接触融合，形成了具有“格”范畴的河州话语法系统。“SOV”型语序和“格”范畴是不同历史时间层次语言接触的反映。王双成《西宁方言的差比句》（2009）通过分析西宁方言的差比句，认为西宁方言和民族语言的接触应该是多层面的，而不是单一的语言接触，是受到了藏语和阿尔泰语族语言的多重影响。莫超《语言接触与河州方言的形成》（2018）也支持这一观点，认为河州话与藏缅语、阿尔泰语都有关系。

除此之外，对于具体语法结构或虚词的性质和来源也存在争议，如“哈”是助词、词缀还是后置词，其来源是否和语言接触有关，存在怎样的关系，来源于哪种语族等一系列问题还需进一步深入的研究才能得到答案（杨永龙，

2014b)；“俩/啦/咧”“下/吓/哈/呵”等虚词是否存在同词异字和异词同字的现象，还需进一步研究说明。

6. 西北其他方言语法研究

河湟方言和西北其他方言有相关相似之处，也需要和现代汉语语法进行比较，因此搜集了相关文献。这些文献主要侧重西北方言与民族语比较，研究语言接触渗透的，如宋金兰《汉语助词“了”“着”与阿尔泰诸语言的关系》(1991)、彭嬿《“sa”的区域特征与西北汉语的阿尔泰化》(2006)、朝格吉乐玛《“时”概念的蒙汉语对比研究》(2005)、敏春芳《回族“经堂语”特殊语法形式研究》(2015)、于燕《兰州话中的语言接触痕迹》(2015)、徐丹《从北京话“V着”与西北方言“V的”的平行现象看“的”的来源》(1995)、张安生《宁夏同心话的选择性问句——兼论西北方言“X吗Y”句式的来历》(2003)和《同心方言研究》(2006)。也有相同内容在西北其他方言和现代汉语进行研究的成果，如邢向东《陕北神木话的助词“着”》(1997)、《陕北神木话的助词“得”》(2001)，张邱林《陕县方言的“曩”“哩”“哩曩”》(2006)、《陕县方言选择问句里的语气助词“曼”——兼论西北方言选择问句里的“曼”类助词》(2009)，王森《兰州话的“V＋给”句——兼及甘宁青新方言的相关句式》。李蓝《现代汉语方言差比句的语序类型》(2003)、《汉语方言中的处置式和“把”字句(上、下)》(2013)和罗自群《汉语方言“著”类持续标记的地理分布特点》(2011)也都论及西北方言的相关现象。

（四）河湟花儿语法研究的不足

从以上综述可以看出，河湟花儿语法研究与河湟花儿其他方面的研究及河湟方言语法研究的成就相去甚远。现有成果无论规模和水准都存在明显不足，从而影响到河湟花儿研究在学界应受到的关注和重视，其珍贵的学术价值未能被充分发掘。

1. 学术成果相对较少

花儿语法研究与河湟花儿语法研究的论文和专著，只占花儿相关研究的一成左右，特别是缺少对花儿语法进行系统全面研究的成果。研究者多把河湟花儿看作一种艺术形式，从音乐、文学、民俗等方面进行研究，而忽视了河湟花儿作为独特口传文学形式是不可替代的语料库，具有极高的方言学价值。

2. 研究水准有待提高

研究花儿的学者大多出身于音乐、民俗或民族语专业，而非方言学专业背景，因而在解读分析花儿语法现象方面难免出现一些偏颇甚至失误，从而影响到花儿语法研究的总体水准。

3. 未能充分利用河湟方言语法研究的前沿成果

近20年来，甘青河湟语法的研究得到长足的发展，并逐渐步入国际化学术的前沿领域，不断取得新进展和新成果。遗憾的是，花儿研究领域少有学者注意到花儿语法和河湟方言语法研究的密切关系，未能充分利用河湟方言语法研究的前沿成果，提升河湟花儿语法研究的质量。同时，河湟方言语法研究学者也未高度重视花儿语料的开发，未将花儿语法研究纳入河湟方言研究的视野。

三、研究内容和研究价值

（一）研究内容

鉴于河湟花儿语法的研究价值和已有研究的不足，本书以几代学者采集整理的逾万首河湟花儿作品为语料，运用方言学和语法学等研究方法，对河湟花儿词类、形态和句法的语法状况进行了尽可能系统深入的描写，重点分析了河湟花儿的接触性语法特征，并与河湟方言的相应特征进行了比较，从甘青河湟地区的民族构成和民族关系入手探究其异源性语法特征的来源。本书的重点在于对河湟花儿的语法状况进行详尽的描写研究，力求全面细致地探讨河湟花儿的词类、形态和句法特点。

（二）研究价值

河湟花儿是运用河湟方言的口传文学作品，是重要的方言调查口语资料。本书以河湟花儿为语料来源，分析归纳其语法特点，与河湟方言进行比较，为河湟方言形成和演变的研究提供重要佐证。

1. 对花儿研究的价值

对花儿语言的研究，尤其是语法方面的研究，目前还比较薄弱，缺乏深入的研究和系统的描写。通过对河湟花儿语法的研究，可以弥补目前花儿语言研究的不足。同时，河湟花儿语料的大量搜集，为未来建立语料库奠定了坚实的基础。

2. 对河湟方言语法研究的价值

河湟花儿作为重要的口传文学形式，是研究河湟方言的重要资源。它既有河湟方言语法的运用，又有花儿特定的曲令格律带来的变化。通过与河湟方言语法的对比分析，可以进一步深化对河湟方言语法共时性和历时性的研究。

3. 对接触语言学和历史语言学研究的价值

因为河湟花儿流行地区多民族聚居，其语法呈现出与当地少数民族多语言融合渗透的特点。通过审视历史上的民族迁移、社会变迁以及语言的发展和演变，并结合汉语的历史文献记录和相关研究成果，可以发现河湟方言与少数民族语言融合变迁的线索。

四、研究思路和研究方法

（一）研究思路

1. 广泛收集河湟花儿，建立本书专用语料库

花儿主要来源为《花儿集》（1986）、《花儿集萃·河州花儿卷》（2005）、《西北花儿精选》（2012）和《河湟方言大全》（2011）。《花儿集》下编集中精选花儿 627 首，《花儿集萃·河州花儿卷》收录花儿 1300 多首，《西北花儿精选》选录河湟花儿约 330 首，《河湟方言大全》收录花儿 1 万余首。

2. 整理归纳河湟花儿语料

对花儿的方言词、外来词及虚词、句式、形态等进行注释，并以方言学理论为指导，对花儿语料进行归纳和分类，提炼河湟花儿独特的语法特征。

3. 全面细致描写河湟花儿语法系统

运用语法学和方言学理论对河湟花儿语法进行专题分析研究，并与河湟方言语法进行比较，了解河湟方言口语与河湟花儿书面语的差异。

4. 借鉴已有成果对河湟花儿的某些语法特点进行历史探源

探讨河湟花儿语法与相关少数民族语的关系，以及与元代“汉儿言语”的继承关系。

（二）研究方法

1. 语料整理归纳法

对搜集的万余首河湟花儿进行整理和分类，进而归纳其语法特点。

2. 比较分析法

通过比较分析河湟花儿语法与河湟方言语法在词类、形态和句法方面的同异，深入探究共同语法特点的成因和来源，分析差异点的具体表现及形成差异的影响因素。

五、研究语料及其来源

本书的语料主要来源于多部河湟花儿的收录集和花儿研究的专著、论文，共计万余首花儿，近50万字。河湟花儿的收录集主要有：

《花儿集》，张亚雄编，中国文联出版公司，1986年8月第1版。

《河湟花儿大全》，李少白、李养峰，青海人民出版社，2011年12月第1版。

《西北花儿精选》，雪犁、柯扬，青海人民出版社，2012年7月第2版。

《花儿集萃·河州花儿卷》，陇崖，甘肃文化出版社，2005年5月第1版。

为便于引用，除《花儿集》外，其他三种文献在下文中分别简称为《大全》《精选》《集萃》，简称后的数字代表页码，《花儿集》后的数字为原书中花儿的序号。

第二章　河湟花儿概述

河湟花儿与洮岷花儿是花儿的两大流派，二者在流行区域、传唱民族、歌词韵律和曲令形式等方面都存在显著区别。河湟花儿流行于黄河与湟水的交汇地带及沿河上下的甘、青地区，由汉、回、撒拉、土、保安、东乡、藏七个民族共同用河湟方言传唱。其曲调充分吸收了藏、回等少数民族的音乐元素，歌词的基调是四句，也有的唱五、六、八句不等，属于变格（亚雄，2011：29）。洮岷花儿只流行于洮河流域，局限在甘肃的临潭、康乐、渭源、临洮、岷县等地，演唱民族主要为汉族（赵宗福，1989：93）。

河湟花儿流行地区广，传唱民族多，唱词优美，曲调丰富，因而影响更大，成就更高，成为民间艺术的重要文化遗产，一般所说的花儿就是“河湟花儿”。之所以称为“河湟花儿”，没有选择“河州花儿”称名，是因为“河湟”之称出现更早，自西汉起历代通用，地域概念古今基本一致；“河州”之名出现相对晚一些，始于前凉且在历史上时存时废，亦称抱罕、安乡、导河、临夏等，且辖境代有变易。古时“河州是河湟东部的一个行政区。河湟可代河州，河州则不能代河湟”（卜锡文，1989：47）。

一、河湟花儿的源流、族属、分类和内容

河湟花儿流传久远，传播广泛，有着约600年的历史，是跨民族、跨省区、跨国度流行的民歌，至今仍深受广大民众喜爱，在西北地区被称为“心上的话”“活命的水”。正如花儿歌词中所唱的那样：

高高山上的鹿羔儿，它蹲在山尖上哩；
刚刚断奶的憨娃娃，满口的“花儿”漫唱哩，
河里的鱼娃离不开水，没水时它咋能活哩？
“花儿”是阿哥的护心油，不唱时阿么怎么价过哩？（马甘，1986：89）

（一）河湟花儿的源流

河湟花儿因处于黄河、湟水流域而得名，民间也称“河州花儿”，发源地是以“古河州”为中心的周边广大区域，包括甘青省区多个县市（郗慧民，1988：195）。“古河州”不能简单地理解为今甘肃临夏，据明代嘉靖年间的《河州志》记载，古河州疆域“东起洮河，西至贵德，北临黄河，南达岷山”（张建军，2009：1），即今甘肃省的临夏、积石山、东乡、广河、和政、永靖和青海的循化、同仁、尖扎、贵德、乐都、民和等地。

周梦诗《试探河州花儿族属问题》（1984：202）和王沛《河州花儿研究》（1992：37）都总结了“河州花儿”的传播路线。王沛在周梦诗 13 条路线的基础上进一步总结为 18 条路线。

西北路　（1）临夏—张掖—敦煌—乌鲁木齐—伊犁
（2）临夏—门源—酒泉—吐鲁番—乌鲁木齐
（3）临夏—民和—西宁—大通—门源
（4）临夏—官厅—化隆—西宁
（5）临夏—循化—贵德
（6）临夏—循化—同仁

西南路　（7）临夏—夏河—河南（青海）
（8）临夏—夏河—松潘
（9）临夏—合作—郎木寺

东北路　（10）临夏—平凉—固原—银川
（11）临夏—兰州—靖远

东南路　（12）临夏—天水—咸阳—西安

（13）临夏—定西—两当—汉中

（14）临夏—岷县—武都—中坝（四川）

（15）临夏—武都—成都—昆明

水路　（16）夏河—临夏—兰州—宁夏（大夏河）

（17）循化—临夏—兰州—包头（黄河）

（18）临潭—临夏—兰州（洮河）

如今，随着时代前进，河湟花儿的传唱范围不断扩大。在青海，西宁地区和东部农业区是重点传唱地区，全省除了玉树、果洛两个藏族自治州外，其余所有地区的农业区、半农半牧区都有花儿的流传。在甘肃，它流行于临夏、东乡、和政、康乐、永靖、皋兰、广河及河西走廊一带。在宁夏，它流行于西吉、固原、海原、同心地区。在新疆，主要是昌吉一带，形成“花儿飞区”。它甚至扩散到陕西西部、四川北部、西藏东北部。

河湟花儿的产生最迟不晚于明代（郗慧民，1988：33），或在元末明初（柯扬，1981：60）。明代成化年间，曾任河州儒学教授的高洪（应为高弘，后世为避清乾隆讳改为“洪”）在古鄯驿（今青海省民和回族土族自治县）一带游历，听到田野间的花儿歌声，赋诗《古鄯行吟》：“青柳垂丝夹野塘，农夫村女锄田忙。轻鞭一挥芳径去，漫闻花儿断续长。”其中的“花儿”就是指“河州花儿”，这说明当时河湟地区已经在传唱河州花儿。

另外，在古河州生活并传唱花儿的民族，除藏族外，回族、东乡族、保安族、撒拉族、土族等民族基本上都是元末明初迁来的，并且形成了延续至今的杂居群落（赵宗福，1989：63），他们对河州花儿的传播起到了决定性的作用。正是这些擅长经商的回、东乡、撒拉、保安等民族的“脚户哥”“筏子客”“织褐匠”“擀毡匠”，外出做工经商的同时，将河州花儿唱遍了西北。

语言方面，花儿歌词反映出词汇的历史层次，一些高频使用的方言词、古语词多见于明清甚至宋元文献。例如，花儿歌词中的“歹汉、晚夕、主腰、闪、酒望子”都收录于《宋元语言词典》，分别义为“坏人、黑夜、肚兜、抛弃、酒店为招徕客人而挂的酒旗”（武宇林，2008：27—33）。“们”在花儿中用法比较特殊，可用于表示动物的复数，如“骡子们”，还可以用于单数，如“阿哥们”并不表示复数，而是指“阿哥”一个人。《老乞大》也有“马们”等将“们”用于动物的例子（武宇林，2008：36）。指物名词后也有加“们”的用法，如“椅卓每（们）、角头每（们）”（曹强，2014：193）。这些古语词在河湟花儿中的使用和留存是其历史起源的重要证据。

花儿中一些高频出现的逆序词“大多出现于元杂剧，其后在明清小说或其他作品中常见”（曹强，2014：192）。例如，“这两天把阿哥熬煎坏，只怕你做不下主儿”（曹强，2014：192）中的“熬煎”，最早见于元杂剧，马致远的《江州司马青衫泪》“折倒的我形似鬼，熬煎的我骨似柴”就有使用。再如，花儿中“你说下庄子留下名，我来了悄悄儿找寻”（曹强，2014：192）的“找寻”见于明清时期的文献作品，《初刻拍案惊奇》十六卷有“却是偌大所在，何处找寻？”的语句。

河湟花儿传唱民族的形成时间和使用词语的来源出处，都是推断河湟花儿产生时间的可靠证据。

（二）河湟花儿的族属

关于花儿的族属问题，张亚雄先生早在《花坛往事及花儿探源》（1980：3）中提出：“‘花儿’乃是汉语、回调、藏风的优美的民间文学。”就是说，花儿是汉族的语言，回族的曲调，藏族民歌的风格。关于河湟花儿的族属问题，学界历来有不同观点，从演唱民族、歌词内容和语言特色三个方面对河湟花儿的族属进行分析，可以找到依据。

首先，回族是河湟花儿的创造者、演唱者和传播者。河湟花儿发源于古河州，即今临夏地区，这里自古就是回族的聚居地。回族人民使用独特的河州话创作演唱花儿，并在经商、运输的过程中将花儿传播至青海、宁夏、新疆等地，河湟花儿也被称作“出门人的歌”（柯扬，1985：26）。“出门人”是旧时因为阶级的压迫、土地的贫瘠背井离乡、外出谋生的回族人，他们凭借经商的头脑和坚毅的性格成为走街串巷的工匠、商贩、脚户、筏子客等。他们在劳作之余和辗转途中歌唱离情的愁苦与生活的艰辛，河湟花儿也由此传播广泛久远。

其次，歌词内容反映了回族的习俗。饮食习俗，如“油泼辣子油泼蒜，辣辣吃上个搅团”（孔祥馥，2012：145）。“油泼辣子”可以调味，也能驱寒；“搅团”做法简单，却寓意团圆。服饰习俗，如“大路上来的个尕娃，穿的是桃红的夹夹坎肩”（《花儿集》：191）。生产劳作和出行习俗，如“好犏牛出个南山后，好骡马出的着贵州”（《大全》：65）。犏牛，由黄牛和牦牛杂交而成，犏牛、骡马都是当地重要的劳作和出行工具。

最后，河湟方言是河湟花儿的演唱语言。其中的河州话是河州回民使用的具有民族特色的汉语。虽然回族通用汉语，但他们的语言中融入了一些阿拉伯语和波斯语的词汇和经堂用语、“一些宋元时期的古代汉语词汇和回族惯用词汇”，以及“一些主语被省略、宾语倒置等特殊的语言表达方式”（武宇林，2007：14）。例如：

一心想嫁个阿訇爸，心软着嫁了个满拉。（武宇林，2007：28）

“阿訇”“满拉”是从阿拉伯语 Akhund、Manla 音译的宗教用语。在中国伊斯兰教中，“阿訇”多指主持清真寺教务和教经的人。“阿訇爸”相当于“阿訇叔”，是尊称。“满拉”指清真寺学经的学员。再如：

①哭下的眼泪调成面，给阿哥烙下个盘缠烤饼。（《大全》：378）

②你横心者连我罢下哩，我不由者变孽障可怜哩。（《集萃》：101）

“盘缠”是古汉语词汇在河湟花儿中的遗存，原指“旅费”，在河湟花儿中是“烤饼”（郗慧民，2005：102）的意思，是为上路准备的干粮。“孽障”在佛教用语中指妨碍修行的罪恶，也是旧时长辈骂不孝子弟的话。宾语置于动词前，如“七寸的碟子里拾馍馍，菊花碗里的茶喝”（《大全》：214）。“茶喝”是“宾＋动”的语序，和汉语的“动＋宾”语序不同。

河州花儿所具有的浓郁的伊斯兰文化风情，被东乡族、撒拉族、保安族接受、传承和发扬。这些民族虽有自己的语言，但演唱河湟花儿时，一般都用汉语回民话，“他们创作的曲令是河州诸令的变异体和派生体”。虽然回族之外的其他少数民族为丰富和发展河湟花儿做出了重要的贡献，但和发源于河州的回族花儿相比，“他们演唱的花儿是流”，“真正的源，就是河州的回族花儿”（周梦诗，1984：203）。因此，有学者认为，河湟花儿“最早是由回族人民创作演唱的，后来才逐渐由各族人民所传唱，并长期传下来”（柯扬，1985：29），其族属应定性为回族花儿。

（三）河湟花儿的分类

花儿的分类有不同的标准，主要标准有传唱民族、流行地域和艺术特征三种。其中最为大众所熟知并接受的是按照分布地域和艺术特点，分为河湟花儿和洮岷花儿两大类。也有的学者分为河湟、洮岷、陇中三类，如卜锡文（1989：44）。不论二分还是三分，河湟花儿都是其中流传最广、影响最大、成就最高的。

河湟花儿可进一步细分为多个层次的不同风格的子类。早期，河湟当地的群众根据音乐的地域性风格特点，以“河州”为中心，把河湟花儿分为“东乡花儿、南乡花儿、西乡花儿和北乡花儿”（杨鸣键，1990：32）。具体来说，东乡花儿流行于临夏东部地区，即“今东乡族有治县一带”；南乡花儿流行于临夏南部地区，即“今和政、广河、康乐一带”；西乡花儿流行于临夏西部地区，即“俗称小西乡的甘肃省临夏、积石山县和俗称大西乡的青海循化、化隆、同仁、贵德、大同等县”；北乡花儿流行于临夏北部地区，即“今甘肃省永靖县和青海省民和县一带”（杨鸣键，1990：32）。

20 世纪 80 年代的地域性分法将河湟花儿分为四大流派，即“临夏花儿、循化花儿、互助花儿、西海固花儿”（杨鸣键，1990：32）。三大派说则分为大夏河流域花儿、黄河上峡谷地带花儿、湟水流域花儿（杨鸣键，1990：32）。这两种分法有一定新意，但没有得到普遍认同。

20 世纪 90 年代，河湟花儿的民族分类法得到较多认可，但数量和具体类别各家不一。有人分为六类：回族花儿、汉族花儿、东乡族花儿、保安族花儿、撒拉族花儿、土族花儿；或者是回汉花儿、藏汉花儿、东乡花儿、保安花儿、撒拉花儿和土族花儿。杨鸣键（1990：33）分成汉族花儿、回族花儿、东乡花儿、保安花儿、撒拉花儿、土族花儿、裕固花儿、藏族花儿八类。

卜锡文（1989：44）对河湟花儿进行了更为系统的多层次分类，如图 2-1。

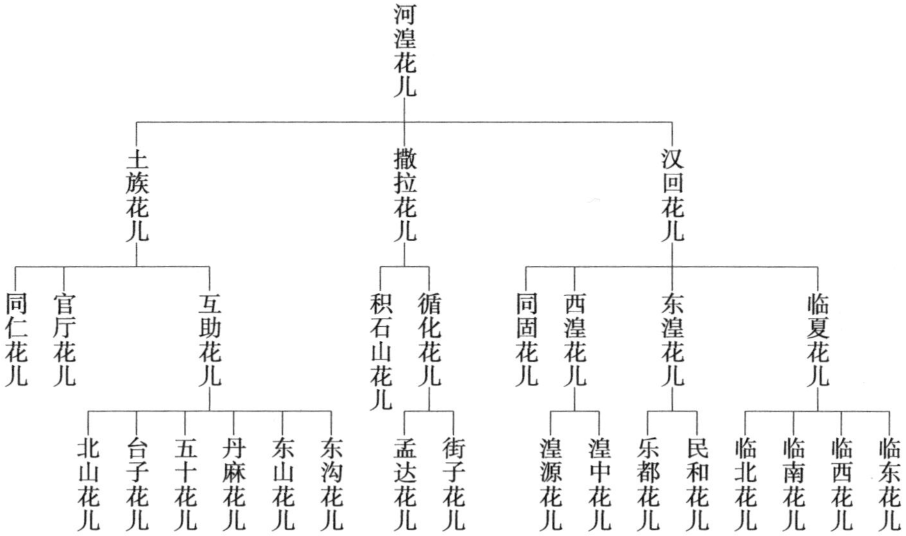

图 2-1　河湟花儿的分类

（四）河湟花儿的内容

花儿内容丰富，题材广泛，本书将河湟花儿的内容分为爱情婚姻、社会生活、思想观念、历史故事和神话传说。

1. 爱情婚姻

作为河湟花儿的主体部分，爱情花儿充分表现了青年男女在爱情中的百态，有热烈，有羞涩，有甜蜜，有苦痛，有赞美，有抗争。例如：

①格花的窗子格花的门，大老爷堂上的五刑；
打断了干腿抽断了筋，越打是我俩人越亲！
②青龙儿打来者白虎转，磨口里淌下的细面；
宁叫他皇上的江山乱，莫叫我俩儿的路断！（马甘，1986：91）

歌词中表达的情感热烈坚定，将爱情置于皇权和生命之上，为了捍卫爱情，勇敢地与命运抗争，极具气魄。

①兰州的大路通各县，嘉峪关通的肃州。

②活者是我连尕妹同路走，死了是把我莫忘者后头。（《花儿集》：551）

这首花儿同样表达了对爱情的忠贞超越了生死。

爱情的甜蜜，如久别重逢的喜悦："香子游山回来了，鹿吃了清泉的水了，腔子想成冰块了，见你时化成水了。"（郗慧民，1989：82）歌词用"冰块""化成水"表现久别的冰冷转变为甜蜜到融化的幸福感，形象生动。"尕妹是冰糖阿哥是茶，茶离了冰糖是不甜；尕妹是河水阿哥是鱼，鱼离了河水是不成。"（郗慧民，1989：78）表现的是如胶似漆、如鱼得水的热恋。

爱情的痛苦有别离之苦，例如，"一对犏牛犁地哩，头上的鞭子吓绕哩；眼看着阿哥出门哩，心上的刀子吓绞哩"（郗慧民，1989：81）。歌词表达了眼睁睁面对别离时揪心的痛苦。有相思之苦，例如，"兰州的木塔藏里的经，拉不格寺院的宝瓶，痛烂了肝花想烂了心，哭麻了一对的眼睛"（郗慧民，1989：82）。歌词中有外在的表现，也有内心的感受，虽有夸张，却不失真实，可谓将相思之苦倾诉得淋漓尽致。还有情变的痛苦，例如"张翼德喝断了当阳桥，东城上割了些药草；两耳里听见你丢我，身上的肉，好似春天的雪消"（《花儿集》：462）。歌词表达了为情所困而消瘦憔悴。

有些"花儿"大胆直白，将男女情爱直言不讳地抒发描写出来。例如：

①上天的梯子你搭上，天上的星宿哈摘上！

你你的良心放公当，我我的肉身子舍上！（《花儿集》：544）

②上地里种的糜穗儿，下地里种的豆儿。

大路上下来的一对儿，哪一个是我的肉儿？（《花儿集》：282）

"肉""肉儿""肉肉"在"花儿"中多做衬字，有时也出现在正句中，据说是河湟花儿最初的叫法。用"肉"代指爱人，率直奔放，充满自然原始的野性。"阿哥的肉""阿哥的憨肉肉""花儿尕怜的肉"都是花儿流行的调子。这样赤裸直接的表达，表露了真实的人性追求，但也使花儿被称为"野曲儿"而有了演唱禁忌——只能在山野田间自由歌唱，村庄和家庭中则禁唱花儿。

2. 社会生活

"花儿"取材于真实的日常生活，反映了西北高原人民的自然环境、生活方式、民风民俗，以及对美好生活的歌颂和对黑暗社会的控诉。

①连走了七年的西口外，没到过循化的保安；
连背了三年的空皮袋，没装给一撮儿炒面。（马甘，1984：54）
②尕马儿骑上着枪背上，西口外打一趟黄羊；
为生活草滩里受孽障，把花儿抛在了远方。（马甘，1984：55）
③清茶儿不喝了奶茶喝，渴死了凉水是要喝；
咋大的亏枉儿阿哥说，冤死了外旁人要说。（马甘，1984：55）
④帐房哈下给者山根里，牛羊们，就往那山脑山最深的地方里赶哩。（《精选》：93）

手工制作的羊皮袋是当地的常用物品，青稞炒面、杂面饭、奶茶则是地方特色饮食，草滩是生活的自然环境，牧羊放牛、骑马扛枪打黄羊是草原民族农耕之外放牧狩猎生活的写照。

大红氆氇卧龙袋，二龙戏珠的扯缰。（《花儿集》：375）

"氆氇"是一种出自西藏的呢子类织物，用牛羊毛制成，质地细腻，色彩鲜红，传说是用藏红花染色而成，非常名贵。"卧龙袋"，是小袖马褂。普通的农民穿上这样质地和款式的衣服是非常体面的，也有当地的民族特色。

①二细子比最细的次一等草帽往前戴，恐怕南山的雨来。（《花儿集》：30）
②尕妹有我我有意，三环子一种三圈合成的小戒指，故名换了个记手亦作记首，男女青年用以定情的纪念品。（《花儿集》：357）
③尕马儿骑上枪背上，西口外以出嘉峪关为口外挖一趟大黄药材。（《大全》：78）
④双扇大门井合院四合院，狗歪者进不去。（《花儿集》：32）

⑥青枝绿叶的唐王川，紧连的照壁宝山；

小妹妹送的者洮河沿，哭者是上了个扯船。(《花儿集》：353)

(注) 唐王川、照壁山，都在河州。(原书注)

⑦拉脊山祁连山脉的一个支脉，位于西宁南上的烟瘴大，伊玛目循化的一个黄河渡口河沿的水大。(《大全》：54)

⑧出门的脚户哥回来了，四川的茯茶们到了。(《中国花儿新论》，2004：202)

⑨放筏的阿哥们走包头，尕妹吓扯的个盖头。(郗慧民，2005：101)

通过花儿可以了解到，居住在西北高原的河湟人民吃炒面，喝奶茶，穿马褂，用羊皮袋，戴细草帽，住四合院，送银手镯，骑尕马，坐扯船，攀山渡河，赶脚筏运……河湟花儿包罗万象地描绘出了当地人民的生活图景。

“西海的沿上雁儿多，海里的潮气儿云多。穷人的心里苦水多，官家的粮款儿税多。”(杨生顺，2010：50) 表达了对压迫的控诉。“尕艳姑拔草在地边，银锄儿闪。花儿声唤醒了麦田，麦苗儿高兴地往上蹿，巧手儿干，织一幅五彩的锦缎。”(杨生顺，2010：49) 表现的是对幸福的生活充满希望。

3. 思想观念

河湟花儿的歌词中多传递朴素积极的价值追求和人生理念，具有一定的思想价值和哲学意味。例如：“见钱起意的是小人，穷有言穷人和有钱人（原文注）不分是君子。”(《花儿集》：478)“维人要维个有钱汉，有钱汉心高着意短。”(《大全》：16)“不爱个尕妹的俊模样，只爱个心好嘛义长。”(《大全》：17) 表达与人交往人品最重要，要远离重利薄情的小人。“上河里石头下河里沙，沙笑石头不如它。有朝一日大雨下，只见石头不见了沙。”(杨生顺，2010：50) 表达的是嘲笑别人不可取，笑人的人最终必不如人。“一脚要踏两只船，船开时两耽下哩。”“有福同享祸同担，白头到老的联盘也记为“连伴”，即心心相连的伴侣。”(《大全》：8) 表达了感情要专一，夫妻要共命运。

河湟花儿因为处于汉、回、藏、土等多民族聚居的地区，宗教信仰也呈现出多样化的融合与发展。例如：

①庄子里到了是你要唱，阿訇爷听见是骂哩。（王沛，1992：127）
②喇嘛爷袈裟哈斜搭了，帽子哈没戴者惯了。（张君仁，2000：156）
③尕妹的阿哥哈早晚见，神佛们保佑着上天。（张君仁，2000：156）
④城隍庙里木香呛，先给天上玉皇唱。（张君仁，2000：156）

4. 历史故事和神话传说

河湟花儿的唱词常会出现历史或神话中的人物，其中既有王侯将相，也有土匪贼寇；既有真实的历史人物，也有神话传说中的形象。例如：

①殷纣王江山苏妲己占，黄飞虎反出了五关。（《大全》：15）
②康熙爷访贤私自转，手把住栏杆着站了。（《大全》：19）
③唐太宗宫里做一梦，梦见了白袍的将军。（《大全》：39）
④姜子牙背的是封神榜，遇见了申公豹了。（《花儿集》：35）
⑤桃园结义三兄弟，宰乌牛祝告了上苍。（《大全》：39）
⑥孙膑布阵庞涓打，庞涓他走了死路。（《大全》：19）
⑦杨宗保维下的穆桂英，远路上丢下的扯心。（《花儿集》：36）
⑧夜观兵书的刘伯温，头枕上袍袖着睡了。（《大全》：39）
⑨俞伯牙弹琴钟子期听，知音人，活像是同胞的弟兄。（《大全》：38）
⑩孙二娘梁山上卖酒哩，武二郎要打个尖哩。（《大全》：17）
⑪盘古王出世（着）天地分，女娲神造化了世人。（《大全》：343）
⑫闹天宫的孙悟空，玉皇爷吓着跳哩。（《大全》：28）
⑬白蛇娘子西湖里玩，船舱里遇了个许仙。（《大全》：27）
⑭孟姜女哭倒九堵墙，墙头里哭出个范郎。（《大全》：24）
⑮三姐寒窑里十八年，五家坡挑菜的可怜。（《大全》：27）

这些人物大多为世人所推崇歌颂，他们或有文韬武略，或可上天入地，或忠义赤诚，或坚贞不渝，常用来起兴铺垫，引起下文。经典的古典形象或文学名著，如杨家将、梁山好汉、《三国演义》《西游记》等。花儿有整本整套的“本子花”，是花儿传唱者中“有学问者的创作”（张亚雄，1986：62）。

总体来看，花儿的内容具有广阔性，花儿歌词引经据典，借古喻今，既反映纯洁美好的爱情，也表现丰富多样的社会生活，以及人们的思想追求和价值观念。花儿的内容具有民族性，歌词中唱诵的饮食、服饰、建筑、地理环境、生活方式等民族风物或民俗传统，勾勒出独具特色又多元融合的民族风貌。花儿的内容具有文化性，大部分传统花儿并非文人创作，但歌词朴素地表达了人们向往自由平等、崇拜英雄豪杰、坚守忠贞爱情、赞扬勤劳朴实的精神追求、价值观念、宗教信仰等，极富文化价值。

二、河湟花儿的格律、曲令、变异

（一）河湟花儿的格律

河湟花儿的格律独特优美，根据章句、节奏、押韵的不同，分为“头尾齐”式和“折断腰”式两种形式。四句一首为河湟花儿的基本形式，属于“头尾齐”式；还有五句、六句一首的，称为“折断腰”或“两担水”。

1.“头尾齐”式的章句和节奏

“头尾齐”式花儿分上下两章，一般前两句为起兴，后两句是正词。每句字数大体一致，一般是七个或八个字。单句的字数可能更多，有时会有九、十甚至十一个字。字数虽不完全相等，但音步节奏一致，都是三顿，且三字尾与双字尾相间，即奇句奇字尾，偶句偶字尾。具体来说，常见的七言句音步结构一般为二二三或三二二，也有人认为是四三或三四（朱刚，1978：54），八言句音步结构是二三三或三三二，九言句是三三三，十言句是三三四。例如：

①上去｜高山｜望平川，胡麻花｜开成个｜宝蓝；
我是｜孔雀｜空中旋，尕妹是｜才开的｜牡丹。（《大全》：271）

②一对的｜白马儿｜沿山根过，我当了｜山上的｜雾了；
这两个｜小姊妹｜地边里坐，我当了｜白牡丹｜树了。（《大全》：151）

2. “折断腰”式的章句和节奏

六句的“折断腰”式花儿实际上是四句式的变体，和四句式的区别是在一二句和三四句的中间加上了一个短句。汉文过去竖写，这种词写出来看上去像是一个人挑了两桶水，因此形象地被称为“两担水”。例如：

高高｜山上的｜苦丝蔓，
它长得｜悬，
根扎在｜青石头｜崖上；
尕妹是｜园里的｜白牡丹，
你长得｜端，
根扎在｜阿哥的｜心上。（《大全》：157）

五句式花儿的半截句只加于前段或后段，也叫作“单折腰”。五句式花儿实际就是不完全的六句式，按衬词变实词的位置，又分为前章衬变实和后章衬变实两种。

①青石头｜杂磨儿｜左转了，
哗啦啦｜响，
红麦子｜磨成个｜面了；
你阿妈｜打你着｜谁劝了，
把我的｜心痛着｜烂了。（刘姝，2002：156）

——前章衬变实

②张翼德｜喊断｜当阳桥，
子龙的｜长枪儿｜绕了。
耳朵里｜听见｜你丢我，
身上的｜肉，
好像是｜春天的｜雪消。（罗耀南，2001：286）

——后章衬变实

“折断腰”式的一三句和二四句与“头尾齐”式规律相同，都是三顿，且单双交错、奇偶相间。腰句则通常为两顿，末顿是单数。

其他形式相对较为少见，如七句式：

> 天上的龙来地下的虎，
> 龙戏虎，
> 要吃个香水的孝子；
> 要唱了唱上个五鼠闹东京，
> 起三国，
> 带杨家，
> 把封神铺上个底子。（赵宗福，1989：101）

还有句子更多的变体，例如下面这首花儿一共有十二句。

> 大河沿上的麻石头，一头儿尖尖，
> 一头儿扁扁，尕磨儿上能锻个底扇，
> 我背上了走，手里拿的皮条儿太短。
> 尕妹给我绣上个满腰转，褐子的边边，
> 里子是毡毡，牛毛俩扎上个牡丹；
> 我勒上了走，人前头显上个尕妹的手段。（赵宗福，1989：102）

从整体看，河湟花儿的章句结构最突出的特征就是“朴素的扇面对形式”（赵宗福，1989：102）。其次，唱词结构上这种长短对比、奇偶交错的形式独一无二，在固定的格律曲令规则下填词的方式与宋词相似，也有宋词的错落美。

3. 河湟花儿的押韵

河湟花儿的押韵方式，独具一格，形式多样，参考郗惠民（1989）、赵宗福（1989）等关于花儿押韵方式的总结，将其归纳为通韵、间韵、交韵和随韵四种。

第一种，通韵。句句通押，一韵到底。例如：

上去高山望平川，胡麻花开成个宝蓝；
我是孔雀空中旋，尕妹是才开的牡丹。(《大全》：271)

第二种，间韵。二四句押韵，一三句不押，或只有第三句不押。例如：

①好马备了个好鞍装，拉上了跑马的会场；
旁人吵时吵给去，我拿的把柄就稳当。(《大全》：48)
②十一月到了雪花飘，雪花儿落在树上；
为了你整日心不宽，想死在这步路上。(《大全》：362)

第三种，交韵。上下章韵脚交错对应，一三句同韵，二四句同韵。例如：

上山着打了香子了，下山着吃了肉了；
后悔着打了腔子了，对天着吃了咒了。(《大全》：35)

上例的花儿句末都有虚词"了"，韵脚押在虚词前面，一三句平声韵，二四句仄声韵。这种韵脚交替的形式在民歌中是比较罕见的。

第四种，随韵。上下章韵脚不同，两句一换韵。韵脚与即兴演唱的内容相配合，随机应变，自由灵活。例如：

早上嘛晚上的墙头上望，脚踩在花檎的树上；
尕脸佬想成个黄钱马，尕心们想成了泪蜡。(王沛，1992：187)

河湟花儿押韵的另一个独特之处是韵脚的字数，有常见的一字韵，也有二字韵、三字韵，甚至四字韵以上的情况。例如：

①腊月到了满一年，家家的夫妻们团圆；
一年三百六十天，我没有欢乐的半天。(《大全》：362)

②枣红公鸡单冠子，墙头上叫明者哩；

尕妹穿的蓝衫子，大门上耀人炫耀者哩。（郗惠民，1989：201）

例②中“人”与“明”押韵，这是由于中古“深臻”与“曾梗通”五摄阳声韵，今河湟方言合并为一套鼻尾韵，故“人”[ʐəŋ] 与“明”[miŋ] 押韵。

半圆的锅里烙馍馍，蓝烟儿把庄子罩了；

搓着个面手送哥哥，清眼泪把腔子泡了。（郗惠民，1989：201）

通过以上举例和分析，总结河湟花儿的用韵特点，主要是：交韵用得多，韵脚字数多，虚字常入韵（如“了、哩”等）。

（二）河湟花儿的曲令

河湟花儿的曲调称为“令”或“曲令”，但在民间，花儿的曲调最初称为“类”。著名花儿演唱家朱仲禄回忆，年少时演唱的传统花儿就有“尕唧唧类儿扬声者唱，风吹者没听个显亮”（郗慧民，1989：287）的歌词。张亚雄在《花儿集》中把“令”和花儿的曲调联系在了一起：“每一种花儿都有三个要素，第一是句，第二是令，第三是调。”（张亚雄，1986：77）张亚雄对“令”的解释是“帮腔儿、过门儿的一种惯语”，常见的“令”有“阿哥的肉”“尕马儿令”等。1947 年，“萌竹在《青海花儿新论》中指出‘各种令儿都是众口相传之下形成的曲子’”（郗慧民，1989：288），明确指出花儿的“令”即曲调。此后，文学界和学术界一般称“令”，民间仍多称“类”。

河湟花儿的令很多，王沛《河州花儿研究》和郗慧民的《西北花儿学》都总结为 80 多种。“令”的名称来源多种多样：①来源于地名，如河州令、峡门令；②来源于人名或人物代称，如尕麻姑令、尕肉儿令；③来源于人物样貌，如大眼睛令、大身材令；④来源于衬词，如哎哟哟令、绕三绕令；⑤来源于民族，如撒拉令、土族令；⑥来源于动植物，如马莲花令、麻青稞令、尕马儿令；⑦来源于曲调特点，如平令、直令；⑧来源于生产劳动，如拔草令、搬（扳）船令。有些命名形式并不是单一来源，如“尕马儿令”的来源既是衬词又是动物。

【阿哥的肉令】

一张皮子缦两张鼓，
高山上打锣者哩。
又受孽障的又受苦，
阎王爷睡着者哩。
一张皮子者哟缦呀两张的鼓。
嗳嘤——阿呀哥的肉——
高山上就打锣者哩！
又受吧就孽障者哟又受苦，
嗳嘤——阿呀哥的肉——
阎王爷就睡着者哩！（《花儿集》：82）

【尕马儿令】

身穿白袍仔穆桂英也，
脑子小花儿也！
头戴了六郎仔孝了拜来。
尕马儿拉回者来也，
阿吾啦坐来！肉儿！
晕晕昏昏仔具睡梦也，
脑子小花儿也！好像是你跟前到了拜来。
尕马儿拉回者来也，回来了阿吾啦坐来！肉儿！（《花儿集》：84）

河湟花儿曲令的主要特点是：曲令与歌词的配合是一曲多词或一词多曲；调式多为五声徵调或商调式；曲式结构是以两个乐句为主的单段体乐段；歌唱时配有大量衬词（郗慧民，1989：296）。

（三）河湟花儿的变异

河湟花儿在流传发展的过程中，有传承，也有变异。河湟花儿的内容、曲令、歌词、演唱风格及传播方式都发生了一些改变。

1. 内容的变异

传统的花儿百分之八九十都是以爱情婚姻为主题的，表达青年男女的爱慕之情、相思之苦和对封建礼教的控诉。随着时代的发展，反映其他社会生活的花儿越来越多，如表达对党和国家的热爱，抒发对新时代、新社会和新生活的歌颂。例如：

①高不过蓝天宽不过海，
黑不过笔墨和砚台；
幸福的大路共产党开，
好不过毛泽东时代。（赵宗福，1989：158）

②新中国好比一只船，
共产党，
指出了金色的航线；
三中全会鼓征帆，
破暗礁，
新时期光辉么灿烂。（赵宗福，1989：159）

③花儿离水时精神短，瓜瓜儿离不开瓜蔓；
祖国母亲把孩儿盼，尕马拉回来，台湾！
北京的烤鸭味道鲜，南京的枣糕真甜；
茅台酒来葡萄干，正等着“奶干儿”回还。

——赵存禄《尕马拉回来，台湾》（赵宗福，1989：317）

2. 形式的变异

（1）曲令的派生

《河州三令》是河湟花儿中流传范围最广、音乐结构最简单的曲令，是河湟花儿的曲令之源，上百个不同的河湟花儿曲令都由它派生演变而来，形成原始曲调和派生曲调的“子母令”关系，母令生子令，子令再生子令，由少到多，由单纯到丰富，由粗糙到完美（郗慧民，1989：273）。常见曲令的发展演变线索如图 2-2 所示（郗慧民，1989：274）：

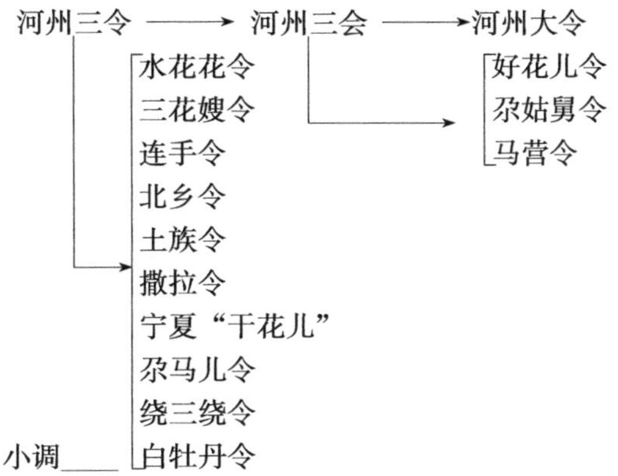

图 2-2　河湟花儿常见曲令发展演变线索图

河湟花儿曲调的演变，主要表现为其开头的呼唤性部分（也叫“引子”）由繁至简的演化。这种引子有三种表现形式，第一种最复杂，配唱衬词主要有“哎哟噢——”“哎哟喃噢”“哎哎哎哎哎哎——咿”等；第二种比较简单，配唱衬词只有“哎哟”或单字“哎”；第三种最简单，“引子”完全省去（郗慧民，1989：276）。

新中国成立以后还出现了河湟花儿套曲，如《尕马儿令》和《白牡丹令》串套，对唱《毛毛雨里抓蚂蚱》由《二梅花》和《白牡丹》两个曲令交替穿插组成。

男：（唱《二梅花令》）

毛毛的（个）尕雨里抓（呀）蚂蚱（来吧），

（二牡丹来吧二呀梅花），

我看它（呀）飞哩嘛跳（呀）哩（耶）

女：（唱《白牡丹令》）

红土（呀就）坡上的绿（呀）蚂蚱（耶），

（哎绿呀绿蚂蚱耶），

噔嘎（吧呀）噔嘎的（小我的花儿嘛）跳（呀）哩。

男：（唱《二梅花令》）

尕手（者就）抓住了问（呀）实话（来吧），

（二牡丹来吧二呀梅花），

我看你（呀）哭哩嘛笑（呀）哩（耶）。

女：（唱《白牡丹令》）

新维的（个）朋友（下）难（呀）答话（耶），

（哎难呀难答话耶），

眦咪（吧呀）眦咪的（小我的花儿嘛）笑（呀）哩。

合：（唱《二梅花令》）

亲亲（吧呀）热热地说下的话（来吧），

（二牡丹来吧二呀梅花），

实实（吧呀）落落地记（呀）下。（郗慧民，1989：277）

（2）衬词的改变

河湟花儿的衬词主要是指色彩性衬词，而不是歌词开头的呼唤性衬词、末尾的感叹性衬词和穿插在句中的语助性衬词。色彩性衬词主要是为花儿的爱情主题服务的，大部分是表达爱情的词句，如“阿哥的肉”“阿哥的白牡丹”等。新中国成立后一些直白粗俗的衬词被代之以更文雅的表达，并由此产生了“折断腰”式结构。

（3）花儿剧的产生

花儿剧是花儿创作的新形式，它将花儿的演唱与戏剧情节相结合，通过歌舞表演的方式将花儿搬上舞台。花儿剧自20世纪50年代末开始尝试，经过一段时间的摸索后，取得了一定的艺术成就。其中比较成功的剧目有《马五哥与尕豆妹》《曼苏尔》《花海雪冤》《索罗树传奇》。这些花儿剧多取材于民间故事和传说，具有一定的群众基础，利于传播；内容上，主要表现传统的婚姻爱情主题，是对传统花儿的继承。

3. 演唱的变异

（1）演唱禁忌减少

河湟花儿多以男女爱情为主要内容，因此被称为“山曲儿”“野曲儿”，村庄和家庭中禁唱，直系亲属尤其是不同辈分的亲属间禁唱。花儿会上演唱花儿还有问候习俗，与不认识的歌手对歌时要先唱见面歌以示礼貌。但随着时代的进步、人们观念的开放，原有的禁忌正在逐渐减少甚至消失。比如，男方唱完问候歌后，女子的回应大胆直率：

兰州的城里没去过，阿哥的肉呀；
五泉山喝酒者醉过，说是我把你没见过；
阿哥的肉呀，还说是热怀里睡过。（卢翱，2008：37）

自由热烈的表达，打破了传统演唱禁忌，形成了“花儿会上无大小”的新习俗。

（2）演唱环境迁移

在河湟花儿的流行地区，男女老少都会唱花儿，因此田野间、山林里总能回响起花儿的歌声，人们漫儿声花儿自娱自乐，传情达意，排解忧愁，随性而歌。如今，花儿逐渐从乡间走上舞台，越来越多的专业歌手加入花儿演唱的群体，各种舞台演出给了民间歌手展示的机会。但是，花儿歌手却存在青黄不接的断层危机。武宇林（2008：469）在甘肃岷县了解到，花儿大奖赛的歌手大多是中老年，青少年非常少。即使在花儿的家乡，不知道花儿为何物的年轻人也越来越多。这些中老年歌手文化水平比较低，写不出歌词，甚至不认识歌词，他们的演唱主要靠模仿，这给花儿民歌的创作和传唱带来了很大的局限性。

（3）演唱功能丢失

河湟花儿不仅有娱乐功能，还有教育价值。其内容涵盖了社会的各个层面，曾经作为劳动人民生产、生活的百科全书和教科书。花儿是群众的重要精神食粮。通过花儿，人们交流情感，传承经验，学习知识道理。但信息化、多元化的现代生活，使古老的花儿逐渐被电影、电视、网络所取代，花儿的娱乐和教育功能受到冲击。

(4) 花儿会性质改变

花儿会传统上是大规模地演唱花儿和青年男女互相交流情感的一种民间集会活动(毕艳君,2002:30)。早期的花儿会完全是自发性的,人们在高山原野、胜山佳水之间高亢放歌,抒发情感。近年来,花儿会逐渐加入了商业性活动,虽然这在一定程度上激发了群众参与的积极性、扩大了花儿会的影响,但是"它从传统的歌会变成了一些地方的物资交流场所,从原始的山汁野味变成了现代音响的混制品,并在经济的夹挤中逐渐在失去它最具魅力也是它最能得以发展的古朴气息"(毕艳君,2002:31)。

三、河湟花儿的语汇特点和常用方言词例释

河湟花儿是形成于民间的口头艺术形式,使用的是流行地区的河湟方言,也保留了不少古语词,同时吸收融合了当地共同生活、共同传唱花儿的少数民族语言中的常用词汇。所以,河湟花儿的语汇包括富有地域特色的方言词和借自民族语言的外来词。

(一) 河湟花儿的语汇特点

河湟花儿是用当地方言演唱的,其中使用了很多河湟地区的方言词,很有地方特色和地域风情。有些词语也为西北方言所通用。

1. 富有地域特色的方言词

盖头:回、东乡、保安、撒拉等族妇女的头饰。一般少女戴绿色,已婚妇女戴黑色,老年妇女戴白色。如"没戴个盖头没遮个脸,没穿个转来的衣衫清末少数民族妇女穿的一种宽边衣服"(《精选》:131)。

扯船:当地用铁索纤绳拖拽的渡船。如"一面黄河一面崖,河面上没有个扯船"(《大全》:104)。

着气:生气,憎恶,讨厌。如"我对你没说个伤心话,你把我着气者为啥?"(《花儿集》:324)

嫑:"不要"的合音。如"你心里嫑打悔悔子,我俩儿比不得再的"(《大

全》：36)。

颇烦：烦恼，麻烦。如“旁人俩跟别人说话嫌颇烦，和你说话时喜欢”（《大全》：91)。

糊涂/胡嘟：很，非常，相当。如“我把你牵挂者糊涂歹，你为啥不想个我来?”（《集萃》：153)“糊涂歹”就是“相当凶，非常厉害”。

兀：那。《花儿集萃》（陇崖，2005）记作“吾”，如“旋来三旋者你头没转，我费吾心思者咋哩?”（《集萃》：8)

闪：哄骗，耽搁，让人扑空。例如“刀枪矛子不害怕，诚恐怕半路里闪下”（《花儿集》：426)。

白雨：夏季常出现的暴雨或冰雹。例如“手上的疔痂脸上的汗，单怕个白雨的蛋蛋”（《大全》：364)。

羖攊：山羊。如“太子山里雨来了，羊羖攊收不下圈了”（《花儿集》：53)。

2. 源自各种语言的借词

由于相当一部分花儿作品是由当地回族创作的，回民话中的一些阿拉伯语、波斯语、突厥语借词便成了花儿中的常用语词。此外，河湟花儿的传唱地区多民族聚居，藏、土、撒拉、保安、东乡等民族在传唱花儿时会自然而然地加入本民族的词语，进而形成河湟花儿特有的“风搅雪”形式。下面是常见于花儿的借词。

胡大：波斯语 Khudai 的音译，是穆斯林对安拉的称呼（武宇林，2012：143)。如“胡大的拨派应受哩，塞白卜机遇，运气要自家做哩”（《大全》：384)。《花儿集》解释为“真主”，记作“呼达”，如“旁人的女婿十七八，我家的女婿叫呼达”（《花儿集》：21)。

阿訇：阿拉伯语 akhund 的音译，指“伊斯兰教主持清真寺教务和传授经典的人”（武宇林，2008：296)，还有“大阿訇”“尕阿訇”“阿訇爷”的叫法。如“庄子里到了是你要唱，阿訇爷听见是骂哩”（王沛，1992：127)。

满拉：阿拉伯语 Manla 的音译（武宇林，2012：143)，指在清真寺里学经的学员，口语也称“尕满拉”“满拉哥”。如“格维，结交朋友花儿要格个满拉哥，拉上者进天堂哩”（《集萃》：327)。

顿亚：阿拉伯语 Dunya 的音译，意为“世界、尘世” （武宇林，2008：

300）。如“金山银山我不稀罕，顿亚上，好不过阿哥的心眼”（武宇林，2012：143）。

阿娜：突厥语词，妈妈（《精选》：140）。如“听说是尕西木嘴里出来血，急得阿娜的心肝裂”（《精选》：140）。

妮哈：突厥语词，未婚的姑娘，俗称“尕妮哈”（王沛，1992：128）。如“年轻人爱的是尕妮哈，尕手里包的是海娜”（王沛，1992：128）。

阿乌/阿吾/阿窝：藏语词，“阿哥”的意思（李少白、李养峰，2011：39），常用于男性自称，也称为“阿干”。如“天大的祸害是不丢你，阿乌啦和阿哥死是心甘”（《花儿集》：498）。

擦瓦：藏语词，青稞酒。如“青稞煮下的尕擦瓦酒，尕盅子太要叫满的”（王沛，1992：125）。

美尼格：撒拉语词，我的。如“美尼格三花嫂，美尼格明白人”（武宇林，2012：146）。

俄博：蒙古语词，敖包，指“高山上用石块垒堆起的大堆，象征护山之神”（罗耀南，2001：108）。

由于大量多民族语言借词的使用，一些河湟花儿出现了民族语和汉语唱词交错使用的“风搅雪”形式，这是一种“在世界各民族的文学史上都十分罕见的特异现象”（郗惠民，1989：184）。“风搅雪”是源于民间的自发叫法，用来比喻在河湟花儿唱词中交错混合藏、土、撒拉等少数民族语言的特殊现象。郗惠民（1989：185）根据花儿唱词双语混合的方式，将“风搅雪”花儿分为以下四种情况。

第一，汉藏或汉土歌词交替，每句歌词不同。例如：

①青石岩上的清泉儿，达恰恰孜个曲通果格；（藏语，译：一匹匹花马饮水哩）

我这里想你着没法儿，巧德那奇雪果格。（藏语，译：你那里干什么哩）

——孔祥馥，2011：141

②天上的云彩黑下了，尕加得忽拉五绕吓；（土语，译：地上的雨点大

了）

想起花儿哭下了，思格里杜五部那谷勒吓。（土语，译：记起说下的话了）

——刘凯，1999：83

③吃一口果子咋这么凉，撒因九因的个的热来古热；（撒拉语，译：发根的汗水干了）

和阿哥睡咋这么好，阿哦拉尼俄则更登早来尔。（撒拉语，译：病根儿深深地挖了）

——刘凯，1999：83

④大石头根里的清净水，买尼格言开尼好我的尕妹，不如个大河的浑水，

葡萄碗里的冰糖水，乙热亥尼牙格心上的油呀，不如个尕妹的涎水。（撒拉语作衬句）

——朱世奎，2007：29

第二，汉藏歌词交替，但二四句藏语歌词是对一三句汉语歌词的翻译。例如：

毛主席太阳照红了，毛主席尼麻山咋哩；（藏语，译：毛主席太阳照红了）

社员们花儿向阳开，日蒙迈图改通则。（藏语，译：人民花儿向阳开）

——刘凯，1981：32

第三，每句歌词半汉半藏，藏语是对汉语的重复。例如：

沙马豆儿尕当白色白豆儿，让得何水磨尕磨里磨走；

尕若朋友索麻新的新朋友，察图热炕者处所介词，相当于“在”炕上坐走。

（藏语，译：白色的豆子水磨里磨，新的朋友热炕上坐。）

——刘凯，1981：32

第四，汉藏语无规律混合歌词。例如：

大石头根里的清泉水，白龙马曲通果格吃水着哩；

我这里想你着没格哇法子，你那里曲依果格做啥着哩。

（藏语，译：大石头根里的清泉水，白龙马吃水着哩；我这里想你想得没法儿，你在那里做啥着哩。）

——刘凯，1981：32

河湟花儿之所以会形成具有洋泾浜风格的"风搅雪"花儿，是因为在河湟花儿的传唱地区汉族和藏、土、撒拉等少数民族双语通用，民族文化彼此融合，同时少数民族传唱者也熟悉花儿的格律，由此才产生了在中外诗歌史、民歌史上极为少见的独特的语言融合样本。

（二）常用方言词例释

河湟花儿中的一些方言词外地人颇难理解，为了方便读者更顺畅更准确地理解河湟花儿，下面择其常用者略做解释并举例。本书对河湟花儿常用方言词的释义参考了《西北花儿学》（郗惠民，1989）、《河州花儿研究》（王沛，1992）、《临夏方言》（1996）、《西宁方言志》（张成材，1987）、《西宁方言词典》（李荣、张成材，1998）、《银川方言词典》（李树俨、张安生，1996）、《同心方言研究》（张安生，2006）、《花儿集》（张亚雄，1986）、《河湟花儿大全》（李少白、李养峰，2011）、《西北花儿精选》（雪犁、柯扬，2012）、《花儿集萃·河州花儿卷》（陇崖，2005）。

1. 名词

汗褟（褡）：汗衫。如"我给你做给个花兜兜儿肚兜气，你我哈撒给个汗褟儿"（《集萃》：26）。

记首：男女互赠的用以定情的纪念品。如"俊不过身材嫩不过手，好不过换给的记首"（《大全》：33）。

连手：伙伴，朋友。如"层层石头修一条路，和尕妹当连手哩"（《大全》：78）。

连伴（联盘）：也叫“扯伴”，心心相连的伴侣。如“有福同享祸同担，白头到老的联盘”（《大全》：8）。

扯心：挂念、连心的人。如“你有了真心我稳重，一辈子到老的扯心”（《花儿集》：334）。

脸脑：面孔。如“立立地看一趟你来了，尕脸脑不展着咋了?”（《大全》：155）

主腰：《宋元语言词典》的解释为“肚兜”（武宇林，2008：32）。郗慧民（1989：172）和《花儿集萃·河州花儿卷》（陇崖，2005）解释为“棉袄”。如“人家们冬衣换好了，我底下还穿的烂主腰”（《集萃》：339），“大红主腰剪领哩，手拿个扣线儿引哩”（《花儿集》：265）。

扣线：丝线。“黄扣线结下的撒鱼的网，网不到清水的浪上”（《花儿集》：247）。

苦丝蔓：也叫“缠丝蔓”，一种细长的缠花草。如“阿哥是阴洼的雪不消，苦丝蔓草，心牵着你身上了”（《大全》：154）。

面丹儿：山楂。如“上埂塄长的是红樱桃儿，下埂塄长的是面丹儿”（《集萃》：26）。

香子：香獐。如“南山后头的石崖坝，香子们跑上着过了”（《大全》：155）。

腔子：“腔”方言读［$k^h\tilde{ɔ}$］，胸膛，胸脯。如“早知道这么是我不维，到如今，只维了一腔子眼泪”（《大全》：160）。

胛子：肩膀。如“手扳住胛子者我俩人坐，白手巾拭眼泪哩”（《花儿集》：495）。

白道子：大白天。如“远路上有我的牵恋哩，真是白道子想哩”（《集萃》：96）。

盘场：日月的晕，起晕。如“月亮盘场是刮风哩，日头盘场是下哩”（《花儿集》：388）。

要：“草要子”，是用秸秆或青草拧成的草绳。如“要一道，两道要，张翼德的主意高”（《花儿集》：16）。

个头：价格。如“沙里嘛澄金折金贵了，银子的个头们大了”（王沛，

1992：141）。

五荤：原系佛教用语。佛教以大蒜、小蒜、葱、韭、姜为五荤，也称五辛。“因五荤以辛臭昏神伐性之物，排除于庙堂之外。俗谚以食五荤者为‘五荤人’。河州花儿的‘五荤’或‘五荤人’为追求世俗快乐的人。”（王沛，2007：252）西宁方言中指烟、酒、嫖、赌无所不为的人（邓靖生，1981：117）。《花儿集》（1986）解释为：花天酒地，不走正路，什么事都干。如“年轻的朋友都一般，哪一个五荤没缠”（《花儿集》：306），“出门在外的没维过人，五荤里挑下的你们”（《花儿集》：476）。

散（撒）饭：黄米等熬成粥，再撒面粉使黏稠的饭。如“新洋芋豆面的尕散饭，看者都叫人的眼馋”（《集萃》：220）。

此外，还有很多表示人或事物的方言词。例如：新姐（新娘）、阿爷（称呼上年纪的男人）、脚户（赶脚骡的脚夫）、官身子（有公务或差事职务的人）、瓜娃子（傻瓜）、花子（乞讨者）、日头/热头（太阳）、晚夕（夜晚）、宵/烧（彩霞）、老鸦/老哇（乌鸦）、鸪鸪咪儿（猫头鹰）、咕噜雁（大雁）、山丹丹（野百合）、海娜（凤仙花）、刺梅花（野玫瑰）、马莲（马兰花）、黄花郎（蒲公英）、瓢儿（野草莓）、红檎/林檎（海棠果）、轮柏（野丁香）、香柳（沙枣）、栽子（树苗）、塄坎（田埂）、曲蟮（蚯蚓）、蛧蛧（蜘蛛）、系腰（腰带）、夹夹（开襟背心）、盖针儿（戒指）、三环子（一种银质点翠、三环合成的戒指）、褡裢（两头装物的口袋、搭在人或牲畜背上）、被鞘（装铺盖的大途囊）、气死猫儿（有盖食品笼）、叉（打麦的农具）、连枷/连夹（脱粒的农具）、滚子（碌碡）、红谷儿米（小米）、糜（秋禾，去皮为黄米）、青稞（大麦）、菜籽（油菜）、炕子（烤馍）、酒房（菜馆）、家什（家具）、梢子货（头等货）、山间（屋梁之上）、纂纂（发髻）、朵脑（头）、生活（毛笔）、营干（事情）、礼信（礼节）、胡基（砌墙用的土坯；土块儿）。

2. 动词

维：结交朋友。如“我拿实心维你哩，你拿的笑脸啦哄哩”（《花儿集》：265）。

盘：往来经营，引申为“吊膀子”（张亚雄，1986：54）。曹强、荆兵沙（2016：142）解释为“努力追求”，如“盘罢了媳妇盘姑娘，盘不到姑娘的肉

上”（《花儿集》：2），“锄草的阿姐们满楞干，为什么不盘个‘少年’?”（《花儿集》：299）

浪：游玩。如“阿哥是浪来不浪来？花枕头是一对儿放来”（《花儿集》：257）。

喧：说话，闲聊。如“我俩坐下一处儿喧，好像是才开的牡丹”（《大全》：39）。

绕手：即招手。绕，上声。如“牡丹给我绕个手，心肺肝花跳出口”（《精选》：11）。

耀：有的花儿也记作“照”，音［ʐɔ］，去声，意思是“照耀”。耀人（照人），形容容光照人，有招蜂引蝶之意。如“尕妹子的蓝衫子，站在大门口上照人哩”（《花儿集》：301）。

摆：洗。如“我俩的身子如墨啦染，洮河水洗，黄河水摆不净了”（《花儿集》：91）。

喘：又说“言喘”，言语，出声，告诉。如“三步两步到跟前，问话者不言喘了”（《花儿集》：349）。

逗：碰、动、招惹、戏弄。如“身没有挨着手没有逗，空名声跟阿达讲哩”（《精选》：102）。《花儿集》（1986）解释为“以手触物”，如“麦穗儿黄了手不要逗，手逗是麦穗儿淌哩”（《花儿集》：289）。

领（零）干：完结（动）；爽快（形），无关系等。《河湟花儿大全》（2011）解释为“安宁、罢休”，如“不成了你给个零干话，好情好意地罢掉”（《大全》：15）。

素顾：在意。如“一天里想你者不素顾，一晚上想你者梦里！”（《花儿集》：177）

稀罕/希奇：喜欢，爱。如“你把我稀罕我把你爱，一天者三趟哈看来”（《花儿集》：263）。

疼肠（痛常）：怜惜，疼爱。如“你没有老子我没有娘，咱们哈谁疼肠哩”（《集萃》：104）、“贱身子到你们贵地上，兄妹吧一般的痛常”（《花儿集》：337）。

躁/噪：音［tsʰɔ］，去声，生气，发火，翻脸。如“认不得小姐难打话，打话搭话是恐怕小姐噪下”（《花儿集》：288）。

谩三：哄骗。如“眉毛吧弯的两条龙，恐害怕旁人啦谩三”（《花儿集》：358）。

闪缠：哄骗，耽搁。如“维人了要维个有钱汉，有钱人会把你闪缠”（《大全》：27）。

丢底：丢人，闹笑话。如“我为你者耽误的工夫多，你为我者丢下的底多”（《花儿集》：377）。

演挂：挑逗，点晃，不稳重。如“多人的伙伙里要演挂，旧朋友还没有罢下”（《集萃》：95）。

扩：砍、折、剪（树枝、叶子等），“扩”为方言近音字，非本字。如“白杨的大树上扩栽子，叫阿谁谁抓梯子哩？”（《集萃》：94）

藉：（肩）扛，抬。如“鲁班爷藉者一连锯，石崖上修下个庙哩”（《花儿集》：417）。

垒（摞）：音［luo］，去声，放置。如“羊毛哈垒在山间屋梁里，何一日调成线哩？”（《花儿集》：164）

站：住店，住，停留。如“孙二娘梁山上卖酒哩，武松要站个店哩”（《大全》：56）。

活人：过日子。如“阿哥活人不如意，别人家挂单着哩”（《大全》：395）。

河湟花儿中其他的方言动词，如占房（坐月子）、打围（打猎）、扯盘（挂念）、谈嫌（嫌弃、挑剔）、吃咒（赌咒、宣誓）、吃嘴（亲嘴）、打尖（半路休息，人吃点心，马喂草料）、忽闪（颤动状）、咂（吮吸）、霸（吸收）、刁功夫（抽空儿）、打转身（绕个圈子，外面走走）、扎（刺绣）。

3. 形容词

尕：小。如“尕牛尕驴尕庄稼”“尕手尕脚尕指甲，尕手上绾莲花哩”（王沛，1992：144）。

干散：漂亮，伶俐，利索。如“拿的斧头剁白杨，鞋穿干散头梳光”（《花儿集》：269）。

愁肠：忧愁，发愁。如“没吃没喝不愁肠，有你时有我的盼望”（《大全》：24）。

难肠：难受，为难，苦楚。《花儿集》（1986：173）解释为“不好意思”。如“亲口说你也难肠，明白的妹妹你思想！”（《花儿集》：332）

难辛(心)：辛苦，作难。如“一个锅里两样饭，难心者阿们做哩”（《花儿集》：275），“要唱五九四十五，你把我丢的难辛害的苦！”（《花儿集》：209）

麻：模糊，不清晰，也说“麻茶”。如“疼烂了肝花想烂了心，望麻了一对儿眼睛”（《花儿集》：362）。

孽障：可怜。如“多人的伙儿里我孽障，我少个尕妹的疼肠”（《大全》：163），“又受孽障的又受苦，阎王爷睡着者哩”（《花儿集》：77）。“受孽障”意为“受罪遭难”。

撇背：渐渐冷淡。如“日子么多了者撇背了，多好仔心思么变了”（《花儿集》：61）。

受活：舒适。如“我这里想你的没法儿，你远处坐了个受活！”（《花儿集》：293）

吉留/即溜：机灵，麻利。如“娘老子养下的吉留人，学成个鸦片烟鬼了”（《花儿集》：215）。

砝码/法码：厉害，了不起。如“尕妹把我嫌谈者太砝码，看看你脖子里的垢甲”（《集萃》：181）。

乾求蛋/干求蛋/乾球淡：枉然，白费，不起作用。如“阳间里维人干求蛋，金盆里养鱼的枉然”（《大全》：145），“远路上维人的乾求蛋，好人们忧念成病汉”（《花儿集》：453）。

河湟花儿中还有一些其他的方言形容词，如公当（公道）、乖（可爱）、像样（大致不差）、干恨（嫉妒、不满意）、扎手（厉害）、攒劲（漂亮，能干）、爹（直直地）、背愣（词不达意、与原意相反）。

4. **副词**

经经儿个：经常。如“看你时我没有工夫来，尕心里经经儿个想者”（《集萃》：101）。

欢欢：痛痛快快地。如“阳世上来了者欢欢的闹，紧闹慢闹是老了”（《花儿集》：264）。

立立：立刻，迫不及待。如“平贵在西凉十八年，立立的看一趟宝钏”

（《花儿集》：336)，引申为“专门，特意”。如“立立的看一趟你来了，我治你心上的病了”（《花儿集》：397)。

5. **代词**

多臧/多藏/多咱：多会，几时。如“左手啦掐来右手啦算，臧见是再多臧见哩”（《临夏花儿选》，1982：199)。

阿塔/阿搭/阿（哪）塔些/哪些些/哪些儿：什么地方。如“提起三国乱如麻，三国跟从阿塔唱哩?”（《花儿集》：480)

阿们：怎样。如“一个锅里两样饭，难心者阿们做哩?”（《花儿集》：275)

这模儿：这么。如“清水河里的牡丹，这模儿丢了是可怜”（《花儿集》：316)。

阿一个：哪一个，谁。如“远路上有个扯心哩，阿一个哈打听者问哩”（《花儿集》：348)。

个家：自己。如“多好的媒人干求蛋，要一个我个家哩”（《集萃》：4)。

再的：其他的，另外的。如“再的不想者想你哩，前世里有婚缘哩!”（《花儿集》：496)

四、本章小结

河湟花儿发源于“古河州”，形成于元末明初，主要分布于甘青地区，回族是河湟花儿的主要创造者、演唱者和传播者。河湟花儿内容广泛，有着独特的格律和节奏，并随着时代的发展，不断创新，与时俱进。语言上，河湟花儿的歌词中有一些借自阿拉伯语、波斯语、藏语、蒙古语、撒拉语、土族语等的外来词，甚至形成了洋泾浜风格的“风搅雪”花儿，表现出由于多民族聚居生活、多民族传唱花儿形成的语言间的借用和混合。

第三章　河湟花儿的词类

河湟花儿使用河湟方言进行创作和演唱。甘青河湟方言，亦称“甘青方言”，其分布地区汉、回、藏、蒙古等多民族聚居，因语言间的接触融合而在语法方面自成一体。河湟花儿在语言上既体现了河湟方言语法的突出特点，也有花儿唱词的独特之处。本章将对河湟花儿唱词中实词和虚词的类别、功能、语法意义、特殊用法进行归纳和分析。

一、实词

河湟花儿中的实词包括名词、动词、形容词、数词、量词、代词、副词。下面分别讨论各类实词的类别、功能、形态以及某些小类的特殊用法。

（一）名词

1. 名词的类别

河湟花儿中的名词可分为普通名词和方位名词两类。

（1）普通名词

表人名词：新姐新娘　脚户赶脚骡的脚夫　花子乞讨者　瓜娃子傻瓜　官身子有公务或差事职务的人　连手伙伴，朋友　连伴（联盘）心心相连的伴侣　憨头儿老实人　大大伯父　阿吾阿哥

表物名词：汗禢汗衫，衬衣　盖头　记首男女互赠的用以定情的纪念品　扣线丝线　扯船一种拉着铁索渡河的船　海娜凤仙花　苦丝蔓一种细长的缠花草　蜩

蜩蜘蛛　老鸦乌鸦　香子香獐　滚子碌碡　礼信礼节　个头价格　营干事情　味子味道　来头来历　瞎气闲气　热头太阳

时间名词：晚夕晚上　年时去年　晌午昨个阿藏现在　尕光阴小日子三更　正月

处所名词：庭堂　前院　庄子　上房　东方　河滩　南墙根　教场　酒房　面店子

（2）方位名词

河湟花儿的方位名词分单纯方位词和合成方位词两类，具体如表 3-1 所示。

表 3-1　河湟花儿方位词表

单纯方位词	上	下	左	右	前	后	东	西	南	北	里/合	外	边
合成方位词	上头 高头	下头 底下			前头 头里	后头	东头	西头			里头 合头	外头 外前	
			左面	右面	前面	后面	东面	西面			里面	外面	
											当中 当中里 当中央		边里 边边里

河湟花儿的单纯方位词比普通话少，没有“外、内、中、间、旁”，只有“上、下、前、后、左、右、东、西、南、北、里”。没有“之”和“以”构成的前加式方位词，这应该与河湟花儿属于口头艺术形式有关。“当中央”在本书所用河湟花儿语料库只检索到一例：“八仙的桌子上摆笔墨，砚台嘛当中央摆上”（《大全》：20）。“合头”一词只在《花儿集萃》中有用例：

①小峡合头里头（原文注）的路难走，怀石崖堵住了口了。（《集萃》：30）

②冰糖葫芦面子上甜，合头是酸麻梨果子。（《集萃》：43）

③人合头活下的我孽障，阿一个看见个我哩？（《集萃》：165）

2. 名词的语法特征

（1）名词的主要语法功能

名词的主要语法功能是充当主语、宾语。名词作为前置宾语时，通常会借助格助词“哈/啊”进行标记。名词用作定语时，一般使用结构助词“的”。在特定句式中，名词也可以充当谓语。名词介词格或助词引介可以充当状语，时间方所名词可以直接充当状语。例如：

①大力架牙壑里过来了，撒拉的艳姑哈见了。(《大全》：18)
②维人的真心啊看来。(《大全》：93)
③芍药的根，没水时花儿不开。(《大全》：4)
④我的小金莲，好人才。(《花儿集》：38)

(2) 名词有格范畴

参考张安生（2013：292）关于河湟方言格范畴的分类及名称，本书将河湟花儿的格归纳为主体格、客体格、方所格、随联格、凭借格 5 类，又细分为主格、宾格、与格、从格、随格、联格、凭格 7 个小类。方所格只有从格、向格，没有位格。格范畴及其标记分析详见第四章，本部分简略举例如下：

①这活人哪一天到哩？(《大全》：1)

——主格无标记

②一晚夕想你睡不着，满天的星宿哈数过。(《大全》：29)

——宾格标记“哈”

③天大的亏枉你我哈对我说。(《大全》：24)

——与格标记“哈”

④山里的马鸡花翅膀，沟底啦从沟底窜到顶上。(《集萃》：47)

——从格标记“啦”

⑤驮桶俩用驮桶驮给了九天。(《大全》：30)

——凭格标记“俩”

⑥阿哥俩跟阿哥清泉里遇走跟阿哥清泉边相会去。(《大全》：45)

——随格标记“俩”

⑦我你俩我和你当两口哩。(《大全》：47)

——联格标记“啦”

（3）名词有数范畴

河湟花儿的名词有单复数的对立，复数形式用“们”加在名词或体词性短语后，适用范围比普通话广泛，可用于无生命或生命等级较低的动植物名词之后，也可用于不可数名词和抽象名词之后，如我们、阿哥们、皮匠们、尕牛们、花儿们、鞍子们、肝胆们、清泉们、烟雾们、婚姻们等。

3．方位词的语法功能

河湟花儿的方位词主要是和名词性词语组合构成方位短语，方位短语可以单独使用，充当主语、宾语和定语，也可以充当状语或与介词组合做状语。

单纯的方位词较少单独使用做句子成分，而是经常做方位后置词。双音节方位词则更多的是单独做句子成分，充当主宾、定语、状语。

以“上、下”为例。“上、下”较少作为方位词单独充当句法成分，如“上走了向上去了西宁的古鄯驿，下走了向下去了窑街和大通”（《大全》：58），“上、下”用作状语。“上、下”与介词组合的较少，如“黑汗白汗呀往下淌，还是个饿断肚肠”（《大全》：380）；大多作为方位后置词，与名词性词语组成方位短语。例如：

①山上的柳柴拾下来，山下的桦梢哈砍来。（《大全》：60）

——做定语

②积石山下的青草坡，石山根里的草多。（《大全》：117）

——做定语

③狼老鸹蹲到石崖下，诸葛亮修仙着哩。（《大全》：132）

——做宾语

④四月有个四月八，牡丹开者刺底下。（《精选》：35）

——做宾语

⑤月亮下扎花减色了，丝线嘛风吹着乱了。（《大全》：155）

——做状语

⑥辕门下摆上的黑面点心，毛棱棱儿的一对大眼睛。（《花儿集》：7）

——做状语

河湟花儿中“上、下、里”较少与介词组合，与格助词组合的情况本书花儿语料库未见相关用例。这与河湟方言常见方位词短语与介词、格助词组合的情况有明显不同。作为方位后置词，单纯方位词“上、里”的出现频率很高，“下”的出现频率相对较低。高频率的使用对于“上、里”的语法化有一定影响，尤其是“上”的语法化程度相对较高，已有向格、与格标记的功能。例如：

①端起饭碗想起你，大门上往大门口看了五回。(《大全》：197)

——表方向

②名声们背下的不算了，我你的尕脸上往你的脸蛋看哩。(《集萃》：18)

——表目标

③你我的身子上你对我有好哩，我你上我对你豁老命哩。(《集萃》：171)

——表对象

例①②中的“上”用如向格标记，例③的“上”是与格标记。

河湟花儿“名+里”短语不加介词“在”，即可直接用作句子成分。河湟花儿的“里”还可以和其他方位词或时间词组合使用，如“嘴边里、两下里、井底里、崖顶里”等，“里”的方位意义已经比较虚化了。例如：

①尕妹是清水井底里淌，阿哥在井沿上渴死。(《大全》：253)

——表处所

②四更里月亮偏西了，心急躁，耳听得鸡娃儿叫了。(《大全》：88)

——表时间

4. 几类名词的构词特点

河湟花儿名词的附加式和重叠式构词方式比较有特点。附加式合成词有前缀“尕”“阿”和后缀“子”“头”“儿”等；重叠式构词有 AA 式、AAB 式、ABB 式、ABCC 式等形式。

(1) 前缀“尕”“阿”的构词功能

河湟花儿中“尕”很常见。“尕”本义为“小”，可单独用作形容词。例如：

①大骡子驮的是卷卷布，尕骡子驮的是枣儿。(《大全》：250)

②你耍嫌阿哥的个个儿尕，你看你身上的垢痂。(《大全》：239)

“尕”意义虚化成为名词前缀，表“小”义，可出现在表示人、动物、物品及抽象事物的名词前。例如：

①阿哥们出门把你（哈）留，这就是尕光阴逼的。(《大全》：279)

②连维了三年者没维上，这一回尕命儿豁上。(《精选》：91)

有时可以作为谦辞，表示自谦或辛酸的感情（《临夏方言》，1996：150）。例如：

①万人的口舌要害怕，说下的尕话儿记下。(《大全》：43)

②亲骨肉，尕眼泪辛酸的眼泪淌进者饭里。(《临夏方言》，1996：151)

“阿”作为前缀在河湟花儿中主要用于人物称谓，如阿哥、阿姐、阿妹、阿爸、阿达、阿妈等。例如：

①好话说到个心肺上，心软了把阿哥要上。(《花儿集》：148)

②想阿姐想的眼酸哩，何一日见个面哩？(《花儿集》：164)

③年轻人见了阿依妹，打不起精神地腿抖。(《大全》：41)

④西宁的萝卜兰州的瓜，疼不过生身的阿妈。(《大全》：10)

⑤身没有挨着手没有抓，空名声跟阿达讲哩？(《大全》：159)

⑥老阿爸倒料骡娃儿跳，尕料匣“卡哒哒”笑哩。(《大全》：6)

(2) 后缀“子”“儿”“头”的构词功能

河湟花儿名词的后缀“子”构词能力很强，比普通话出现频率高。“子”缀构词有多种结构形式，其中“A＋子”最能产，如“肝子肝、胛子肩膀、腔子胸腔”；“A＋B＋子”如“官身子有公务或差事职务的人、人梢子出类拔萃的人、瓜娃子傻瓜”；“AA＋子”一类在本书所用语料库只找到两例，“椽椽子、悔悔子后悔”。

后缀“儿”构词能力很强，具有小称标记功能，表示“小”或“喜爱”的感情色彩。例如：

肉儿 渠儿 今儿 糜穗儿 脸脑儿面孔，也作“脸佬” 命系儿命根子，性命攸关的事物

鸱鸮咪儿猫头鹰 尕角毛儿头发辫子 燕儿窝 绺绺儿地狭窄的长方形地

有时带不带儿尾意义不同（西宁方言，1987：18）。例如：

尕：小。 尕儿：小孩儿。

花：花朵。 花儿：青海民歌，也叫“少年”，在花儿中也常指心爱的姑娘。

头：脑袋。 头儿：开头，前部，顶部。

①我心里只有你一个，自尕儿玩耍着惯了。（《大全》：77）

②漫花儿的少年跟前来，手挽手儿地唱来。（《大全》：10）

③羊毛的筏子下来了，山边的花儿们笑了。（《花儿集》：155）

④小阿哥维你着十七八，七十的挂零，八十的头儿上抛下。（《大全》：70）

⑤西山的头儿上乌云罩，云头上电闪着雷响。（《大全》：298）

“头”缀主要用于事物名称和方位词，也可以加在动词或形容词后面构成名词。与普通话区别不大。例如：

热头太阳 日头 名头 欺头得罪人心的话 来头来历 诱头诱饵（普通名

词）

前头　后头　里头　上头　下头（方位名词）

动词加后缀“头”，构成名词，表示动词所表示的行为动作关涉的东西或事情具有“价值”。如“想头”表示“值得想”，“看头”表示“值得看”，再如：

做头可以做的东西和事情　活头生活的劲头　吃头吃的东西　喝头喝的东西

形容词加“头儿”构成名词，表示具有形容词所表示性质的事物或感受，如苦头儿。少量“头”尾词再加上“儿”，意义不变，例如日头儿、石头儿、骨头儿、指头儿。

（3）重叠式名词

河湟花儿中的重叠式名词很多，除少部分是称谓名词，大部分都是事物的名称。重叠式名词的语素多数能独立成词，重叠后大都可以表示“小”或“喜爱”义。

①AA 式。主要有名词性语素重叠、动词性语素重叠、形容词性语素重叠。

名词性语素重叠，如：

大大伯父　娘娘姑母，姑姑　爷爷　太太曾祖父（称谓）

鞍鞍马鞍　夹夹坎肩，背心　兜兜围嘴或衣服口袋　纂纂发髻　栓栓草编的装东西的器具（普通名词）

动词性语素重叠，如：

盖盖第一，魁首　系系提绳

①身子不大是脸又白，庄子里你就是盖盖你就是最好看的。（《大全》：150）

②清水哈担者个两桶来，桶儿的系系们断来。（《集萃》：139）

形容词性语素重叠，如：

碎碎儿碎末　弯弯

①宽舌头般的面片你揪上，鸡蛋的碎碎儿哈炒上。（《集萃》：123）

②胳膊弯弯搂抱上，心疼着放不到炕上。（《大全》：130）

②AAB式（AAB＋儿）。如：

转转槽圆形马槽　钉钉匠钉碗匠　弯弯儿柳垂柳　搜搜鬼吝啬，小气（《大全》：51）　落落扑野鹰

芨芨草草本植物，叶子狭长，花淡绿色，茎叶常用来编筐、扎扫帚等（西宁方言词典，1998：12）　花花雀儿

③ABB式。如：

命蛋蛋命根子，对钟爱的人的昵称　牌叶叶骆驼的驼峰（《集萃》：178）

木拉拉小木桶　破衲衲破衣服

有些名词以词根为基础，叠加使用前缀和后缀，例如尕肉儿、尕妹儿（尕＋A＋儿），尕栽子、尕果子（尕＋A＋子），埂子儿、纽子儿（A＋子＋儿）。

（二）动词

河湟花儿中的动词可分为普通名词、趋向名词、助动词等。

1. 动词的类别

（1）普通动词

维结交朋友　盘往来经营，努力追求　浪游玩　照照耀　摆洗　喘言语，告诉　逗碰，招惹，戏弄　素顾在意　稀罕喜欢，爱　躁/噪生气，发火　扎刺绣

（2）趋向动词

上　下　出　进　回　过　起　开　来　去（单纯的）

上来　下来　出来　进来　回来　过来　起来

上去　下去　出去　进去　回去　过去（合成的）

（3）助动词

河湟花儿常见的助动词主要有会、肯、敢、要、能、能够、愿意、愿、得等。其中“能够、愿意”用例很少，本书所用花儿语料库分别只有两例，没有发现“可以、应当、应该”的用例。例如：

①我俩修下常走的路，哪一个汉子敢挡住？（《大全》：95）

②我把花儿十分疼，你疼三分着肯哩。（《大全》：192）

③鸡蛋罐罐里喝酒哩，多早着能解个渴哩。（《大全》：200）

④维朋友要拿个实心干，假心儿怎能够长远。（《大全》：148）

⑤不要财礼我愿意来，人家们少要个账来。（《大全》：11）

河湟花儿“要”的使用频率很高，其否定形式除了“不要”，合音“嫑［pɔ²¹³］”更常用。助动词可以直接做谓语，但更常见的用法是在动词前做状语。但“要”有时会放在动词之后，组成“主动词＋的（动名式）＋助动词”的结构，这种特殊的语序是受阿尔泰语系语言的影响，是对阿尔泰语助动词语序的拷贝①。例如：

①九九尽了要下种，花喜鹊犏牛哈架上。（《大全》：67）

②已是已往地维下了，外心们再不要想了。（《大全》：66）

③维人了嫑维个有钱汉，有钱人会把你闪缠。（《大全》：27）

——以上为“要/不要/嫑＋动”

④好心哈想！你脑我哈痛常怜惜仔的要哩。（《花儿集》：62）

——动词＋的＋要

例④为青海花儿，“我”读作“脑”，“的”读作“仔”，意思是“你要怜惜

① 关于助动词“要”使用的语序特点、结构形式及其接触性来源的分析由张安生教授指导赐教。

我”，助动词“要”置于动词之后的形式属于异源性的接触性语法特征。

河湟花儿中的能性助动词“得”及其否定形式“不得”，一般放在动词前，不同于普通话“动+得/不得”的语序。例如：

远路上有我的胭脂花，想死者不得见不能见了。(《花儿集》：260)

(4) 判断动词“是”

河湟花儿的判断动词“是”构成判断句时有和普通话一样的基本格式“甲是乙”“甲不是乙”；也有“是”“不是”放在句末的形式：“甲乙是”“甲乙(是)不是”。这是受到阿尔泰语系语言判断词在句末的影响。例如：

①六郎的儿子杨宗保，八贤王的外甥是哩杨宗保是八贤王的外甥。(《花儿集》：235)

②你维尕妹的心不是你不是维阿妹的心，心有是打听着找哩。(《大全》：177)

③阿哥是怕人的人不是阿哥不是怕人的人，有一个维你的胆子。(《大全》：170)

(5) 存在领有动词“有”

河湟花儿的动词“有”也常出现在句末，表示存在和领有。例如：

①日子多了者心不要变，总见的时节们有哩总有见面的时节！(《花儿集》：383)

②惊的我受惊者醒来是你没有不在，清眼泪泡塌了炕了。(《花儿集》：129)

例①表领有，例②表存在。

关于“是”字句和“有”字句更全面的分析详见第五章。

2. **语法特征**

（1）动词的语法功能

河湟花儿的动词主要充当谓语，特别是普通动词，助动词多充当状语或补语，趋向动词主要可以充当谓语和趋向补语。但“回、回去、回来、下去、进去”在本书语料库中没有做补语的用例。例如：

①冬夏常青的松柏树，要维个实心的你哩。（《大全》：11）

——普通动词做谓语中心

②千思万想的心不肯，一心儿要维个你哩。（《大全》：256）

——助动词做谓语

③维人了耍维个有钱汉，有钱人会把你闪缠。（《大全》：26）

——助动词做状语

④多日不见着忘下了，尕妹们认不得我了。（《大全》：277）

——助动词做补语

⑤大力架牙壑里过来了，撒拉的艳姑哈见了。（《大全》：17）

——趋向动词做谓语

⑥盘盘路儿上盘下来，鹿羔喝一趟水哩。（《大全》：40）

——趋向动词做补语

（2）动词的形态

河湟花儿的动词有体貌、语态及与阿尔泰语言副动词相近的语法范畴。这些范畴用分析型标记方式（即体貌、语态、连接助词）表达相应的语法意义，属于广义形态类型①。

①动词的体貌。河湟花儿的动词有持续体、完成体、经历体、起始体、短时体，语法意义由动词后的体貌助词表达。

持续体表示动作行为的进行或某种状态的持续，河湟花儿用“V＋着”表示持续体。例如：

---

① 关于河湟花儿中形态方面的语法范畴的分析和界定为张安生教授的见解。

尕妹的门上蹲着哩，毡帽里捂脚着哩。（《大全》：9）

完成体表示动作或性状的实现，河湟花儿用“V＋了”表示完成体。例如：

①太阳落到西山湾，山根里罩了兰烟。（《大全》：91）

②上去个高山者水贵了，黑刺哈烧成炭了。（《花儿集》：61）

经历体表示动作行为曾经发生，河湟花儿用“V＋过”表示经历体。例如：

十个八个的见过他，就没有你般的罕稀。（《大全》：266）

起始体表示行为动作或事件开始启动发生，常用“V＋开＋了”“V＋脱＋了”式表示。例如：

①天上的云彩们韶云彩变红开了，越变时越红者俊了。（《集萃》：55）

——开始变红

②出门的阿哥们走脱了，西川的大路里上了。（《大全》：240）

——开始走

短时体表示行为、事件经历的时间短或动作的过程短。普通话一般用动词重叠表示短时、少量，但河湟花儿中的动词重叠用例极少，分别有 AA（听听）式、AABB 式（哭哭泣泣）、AAB 式（蹦蹦跳）三种类型，只有 AA 式表示动量少和时量短。例如：

尕妹把我嫌谈背说后人的坏话者太砝码厉害，看看你脖子里的垢甲。（《集萃》：181）

河湟花儿多用动补结构“V 一 V”“V 一下［xa］”表示短时体，“V 一下”

用例极少，应是受到普通话影响。河湟方言常见的“V一呱（挂）”在现有语料库未见用例。例如：

①大马喂上了吊一吊，尕马加上些夜草。（《大全》：383）
②见了面悄悄儿个坐一坐，胜过那千年的伴当伴侣。（《集萃》：172）
③唱曲的尕娃问一下，少年是谁留下了？（《大全》：126）
④女婿连马五哥比一下，眼泪就像是白雨发。（《精选》：137）

河湟花儿还用“V+给个”表示动量少、时量短。例如：

①千方百计地遇给个面，空名声，要教个我俩人枉担。（《大全》：356）
②长官们有恩了回给个家，无恩了赏一顿闷棍。（《大全》：17）
③你悄悄个走者我没见，要问个你原因哩。（《集萃》：4）

例③仅用“个”表示短时体，应当是受到花儿格律要求的字数限制。河湟方言口语中一般要用“给个”。

②动词的语态。河湟花儿的语态有主动态、被动态和使动态。主动态不用标记，被动态、使动态一般由动词后加语态助词“给”构成，表示主语/话题是动作的承受者或主语致使、命令他人执行某个动作。例如：

①马五阿哥抓给者城里了马五哥被抓到城里去了，大老爷阴子里说通了。（《精选》：141）

②尕妹哈手抓啦先吃给用手抓着先让小妹吃，先买上她的个喜欢。（《集萃》：60）

③动词的连接式。张安生（2016）认为，河湟方言的动词有与阿尔泰语（特别是蒙古语族语）的“式/形”相近的语法范畴。“蒙古语言的‘式/形’范畴（即变位系统）是与动词句法功能的实现直接相关的形态变化，一般有陈述式、祈使式、副动词/连接形、动名词/形动形四种形式”。“河湟方言的式范畴

可以区别为陈述式、连接式、动名式三种，陈述式可以做单句、主句的谓语核心并可以结束句子；连接式作为典型的‘非结束式’，出现在连谓式或复合句的前项，一般要用连接助词‘着’‘呵’（青海片）/‘是’（河州片）‘塔啦’等，表示与后项的句法语义关系”（张安生，2016：4）。河湟花儿中的动词或动词性词语的连接主要使用连接式助词“着（者）、是（时）、呵（哈）”。例如：

①我来了几趟者你没有你不在，打听是你坐月者哩。（《集萃》：12）

普：我来了几趟你都不在，打听了以后才知道你在坐月子。

②新维的花儿要说坏，说坏哈心伤哈哩。（雷汉卿，2015：52）

普：新唱的花儿不要说坏，说坏的话伤心呢。

关于动词的语态和“连接式”的详细分析见第四章。

3. 趋向动词的功能及语法化

河湟花儿中的趋向动词可以单独充当谓语，但主要在动词或形容词后做补语，表示趋向。例如：

①你是个唱家着跟前来，我俩儿对上了唱来。（《大全》：6）

——趋向动词单独使用

②实心的朋友你维去，从今后要思想我了。（《大全》：321）

③川里的柳柴拾上来，上山的看梢哈砍来。（《大全》：36）

④左脚刚跨进门里了，上房的门扣儿响了。（《大全》：91）

⑤毛红的主袄撩起来，尕妹的热怀里避来。（《大全》：81）

⑥阿哥们把柄要拿稳，尕妹妹豁出来了。（《大全》：48）

——以上趋向动词做补语

有些趋向动词的用法比较特殊，如“来、过、上、下”。其中，“过、上、下”还语法化为结果/动相补语。此外，“走”在西北方言和花儿里用如趋向动词“去”，下面分别举例说明。

（1）“来”的功能

“来”可以在动词后做补语，表示行为动作的趋向。例如：

①钢刀拿来着头割下，不死时就这个闹法。（《大全》：173）

②瞌睡醒时自醒哩，叫着醒来着咋哩。（《大全》：173）

但有些动词加“来”，表示动作趋向的意义较弱，这些动词大多在普通话中不能和“来”组合，或者需要带宾语才可以使用。例如：

①吃罢黑饭时你取来，我把你留的站下。（《大全》：66）

②阿哥是浪来不浪来，花枕头是一对儿放来。（《大全》：61）

③大门上篓浪家里来，花花的被儿里睡来。（《大全》：57）

④胆子放大着跟前来，心上的花儿哈漫来。（《大全》：44）

以上例句中“来”前面的动词表示目的，“V＋来”相当于普通话的连谓短语。如“取来”相当于普通话的“来取”，“浪来”“放来”相当于“来浪”“来放”。对比下列例句，①②两句的画线部分语序不同，但基本意义是一样的：

①八百里的火焰山，红孩儿半路上个挡来。（《花儿集》：115）

②天大的祸事我去挡，叫哥哥你不要担心。（《大全》：88）

（2）“走”的趋向动词用法

河湟花儿中“走”常放在表动作行为的动词后面，表示行为动作的趋向，相当于趋向动词“去”。如“看走、遇走、浪走、受走、唱走、回门走、赶集走”等，还可以出现在动宾结构后面，如“拾牛粪走、照几张相走、耕一架地走”等。

①丢下了尕妹走西口，口外的生活哈看走。（《大全》：370）

②大门的台子上绕了个手，阿哥俩桥头上遇走。（《大全》：287）

③眼泪哈一擦者家里走，家里的落怜可怜又狼狈哈受走。(《集萃》：100)

④尕铲儿儿拿上者锄草走，埂塄田埂上一坐者唱走。(《集萃》：81)

⑤刚来的媳妇回门走，女婿娃跟在个后头。(《大全》：6)

⑥吆上个绵羊者赶集走，合适的价钱哈卖了。(《集萃》：113)

⑦脊背里背的是粪背篼，叉叉俩拾牛粪走。(《大全》：13)

以上例句中“走”与前面的动词或动宾结构组成不完全句，多表示祈使语气，表达说话人、听话人或双方想要完成的某种行为动作。少数例句是单纯的叙述，如“刚来的媳妇回门走”。在功能上，“走”相当于普通话的“去”，但趋向意义较弱，比“去”意义更实在，动作性更强（《临夏方言》：160）。

(3)“过”的功能

“过”除了表示动作行为的趋向做趋向补语外，还可以表示行为动作带来“脱离”“分开”的结果，否定形式“V＋不过”表示“不能脱离”“不能分开”。“过”还可以做可能补语，表示可能，否定形式“V＋不过”表示不可能。例如：

①孙猴子会栽个斤斗云，栽不过栽不开大佛的手里。(《花儿集》：109)

②多人的伙里我孽障，离过离开了长大的地方。(《花儿集》：192)

③麦草烧火搅棍搅，茶罐子离不过离不开灶火。(《花儿集》：305)

④多的是哈数不过数不清，数不了了！旁的哈不算数了！(《花儿集》：320)

⑤说起了娘老子哭一场，路远者辨不过辨不清，辨不了方向。(《集萃》：38)

⑥尕妹是金砖阿哥是瓦，配不过配不上，配不了，你嫑半路里闪下。(《大全》：15)

(4)“下”的语法功能

趋向动词“下”除了做趋向补语外，还可以做结果/动相补语，表示“实现”“已然的结果”等，可用“了”代替。例如：

①见了个花儿者泪汪下，心里头有委屈哩。(《集萃》：116)

②认不得小姐难打话，打话是恐怕小姐噪生气下。(《花儿集》：259)

③你把个实心的花说下，不成了就这么罢下。(《集萃》：119)

④想下哥的哥不信，擦眼手巾是铁证。(《精选》：49)

“下”也在形容词后面，表示出现了某种状态，发生了某种变化。例如：

①小妹妹降香为的是你，你莫把良心坏下变坏！(《大全》：37)

②天上的云雾黑下变黑了，地下的雨点几大了。(《花儿集》：259)

③尕妹妹活像个牡丹花，阿哥们瞅者个傻下变傻。(《集萃》：134)

“下”做补语在当地方言中音［xa］，在河湟花儿里有时记作“哈”，属于同词异字的情况。例如：

①新维的花儿要说坏，说坏哈(应为“呵”，笔者注)心伤哈哩。

②骑马了要上到对山，上山哈马乏哈哩。

③维人了要踩两只船，船开哈两耽哈哩。

——以上例句出自雷汉卿，2015：52

(5)“上”的功能

“上”在河湟花儿中出现的频率很高。和“下”一样，“上”除了表示动作趋向，还可以表示动作完成和实现，用作结果/动相补语。例如：

①好话说到个心肺上，心软了把阿哥要上。(《花儿集》：148)

②别人的尕当儿你要上，我俩一心儿把日子过上。(《大全》：316)

③崖鸡儿嘎嘎野鸡儿叫，半翅子叫上着过了。(《大全》：180)

④家里不答应自主哩，媒人们搅上是坏哩。(《大全》：11)

以上例句中①②两句是“把＋受事＋动＋上”，③④两句没有受事，但“上”的意义没有区别，都表示动作完成和实现。

此外，“来”“上”“下”还可以做可能补语，也称为“傀儡补语”（吴福祥，2010：101）。赵元任先生（1979）最初使用“傀儡补语”一词：汉语中“有两个常用的补语‘了’和‘来’，没有什么特殊的意义，其作用在于使可能式成为可能，是一种可能补语”。河湟花儿中用“V得来/V不来”“V上/V不上”“V下/V不下”表示可能与否，现有语料库中没有找到“V得来”的例句。其他例句如：

①尕妹嘴笨着说不来说不了话，阿哥们说的是倒话。（《大全》：215）

②我没有翅膀飞不来飞不了，睡梦里看一回你来。（《大全》：257）

③想起了尕妹哭一场，路远着辨不来分辨不了地方。（《大全》：168）

④尕妹是清水喝不上，阿哥们孽障，渴死在水边里了。（《大全》：35）

⑤我盘不上你的我不信！我不是先人的后人了。（《花儿集》：65）

⑥说下的日子上没去下能去，把实心的尕妹哈惹下。（《集萃》：99）

⑦明天的后晌里我来下能来，不来时我心里想哩。（《大全》：130）

⑧山高路远者来不下来不了，腔子上砸，由不下不能由着你连的我了。（《精选》：105）

总结来看，从做趋向动词单独使用，到做趋向补语，“来”的语法化模式为：趋向动词＞趋向补语＞傀儡补语；“上”“下”的语法化模式为：趋向动词＞趋向补语＞动相补语＞傀儡补语（吴福祥，2010：102）。赵元任先生认为“做不了”“做不来”中的“了”“来”的作用只是“使可能式成为可能”，属于能性标记。傀儡可能补语的最终语源成分就是趋向动词，它们语法化的具体路径不完全相同，但起始和终点完全一致，其他方言也有相似的语法化模式，因此，“汉语表达空间概念的趋向动词也是很多抽象的语法概念的‘结构模板’和‘演化之源’”（吴福祥，2010：110）。

（三）形容词

1. 形容词的分类

河湟花儿的形容词可以分为性质形容词和状态形容词两大类。

性质形容词：尕小　干散漂亮，伶俐　难肠难受，苦楚　破烦心里特别烦恼　攒劲漂亮　孽障可怜　撇背渐渐冷淡　吉留/即溜机灵，麻利　砝码/法码厉害，了不起

状态形容词：土黄　枣红　桃红　瓦蓝　宝蓝　月蓝　葱绿　奶子白　雪连连白　漆油油黑　火隆隆　急抓抓　脆生生　麻啦啦　热乎乎儿　清粼粼儿　圆朵朵儿　憨敦敦儿　嫩闪闪儿　蔫不塌塌　脏不几几　怪不啦啦　脏儿哇塔

2. 形容词的语法功能

河湟花儿的性质形容词主要充当谓语，也可以做定语、状语、补语，充当状语以状态形容词为主，可以和动词构成连接式。例如：

①多人的伙儿里我孽障可怜，我少个尕妹的疼肠。（《大全》：163）

——做谓语

②娘老子养下的吉留机灵，麻利人，学成个鸦片烟鬼了。（《花儿集》：215）

——做定语

③热乎乎儿地离开了你，泪涟涟儿地想了。（《大全》：175）

——做状语

④拿的斧头剁白杨，鞋穿干散漂亮头梳光。（《花儿集》：269）

——做补语

⑤家里嘛暮囊烦闷者没心肠站，出门了宽心上几天。（王沛，1992：143）

（普：家里烦闷得没心思住，出门宽心了几天。）

——和动词构成连接式

在东乡语、蒙古语等阿尔泰语系语言中，形容词与动词相对，属于静词，功能与名词相近，因而在语句中一般不能直接做谓语，而要加系词“是”。但河湟花儿中的形容词在功能上与汉语普通话大体一致，与动词同属于谓词。

3. 形容词的重叠

河湟花儿中形容词可以重叠。单音节的性质形容词重叠，表示程度加重，有的加后缀“儿”，充当定语、状语、补语、谓语。双音节性质形容词未见重叠形式。例如：

①眉毛弯弯一张弓，弓一张，箭射了天上的凤凰。(《大全》：258)

——做谓语

②麻柳梢空空儿哩好歇凉，躺者个绵绵儿的草上。(《集萃》：202)

——做定语

③七道子梁上过来了，唐汪川显显地见了。(《大全》：165)

——做状语

④这一个尕妹的人稀罕，端端个寻下个老汉。(《集萃》：95)

——做状语

⑤少年唱着欢欢的，总把个人维下哩。(《大全》：258)

——做补语

双音节状态形容词重叠形式为AABB式，重叠后表示程度加重，在花儿歌词中有时会在中间插入衬字“哈、儿”等。例如：

①憨憨敦敦你一个，我你些牵哩嘛忘掉?(《大全》：200)

②热热火火一片心，想死你谁知道哩。(《大全》：210)

③亲亲热热说下的话，实实儿落落地记下。(《大全》：25)

④方方哈四四的一块子地，手拄者青苗的地里。(《集萃》：39)

状态形容词有词根附加叠音后缀构成的ABB式结构，在河湟花儿的表达中很常见，具有生动形象、俏皮活泼的表达效果，极富表现力，也形成了独特的韵律节奏。例如：

①糯米牙齿的樱桃口，说话时憨敦敦儿天真可爱的。（《精选》：86）
②天上的龙来地下的虎，圆朵朵儿的爪子。（《大全》：177）
③黄芽白菜朵朵儿大，青韭菜，嫩闪闪儿地长了。（《大全》：225）
④洞宾爷造下清溜溜的酒，喝了个一盅是醉了。（《大全》：149）

对比元曲运用ABB式形容词摹色、摹状、摹情，河湟花儿的ABB式形容词鲜活贴切，颇有一脉相承的古风意蕴。例如：

绿依依墙高柳半遮，静悄悄门掩清秋夜。
疏剌剌林梢落叶风，昏惨惨云际穿窗月。（《西厢记》第四本第四折）

（四）数词、量词

1. 数词

河湟花儿的数词和普通话区别不大，最明显的区别是没有基数词“仨”。“俩”的用法也不同于普通话，普通话中“俩”后不加量词，如“俩苹果、俩手”不能说成“俩个苹果、俩只手”，也不能说“我俩人”“我俩儿”，但河湟花儿可以。例如：

①胳膊绑下腿跪下，我俩人犯了个啥法？（《大全》：49）
②我俩儿对天着发个愿，谁变心天塌着地陷。（《大全》：75）
③花上些工夫费上些心，我俩个配一对哩。（《大全》：155）
④空名声，要教个我俩个人枉担。（《大全》：347）

概数用“几、来”表示，或用相邻数字表示。例如：

①半天没见个尕妹妹，好像是离开几年。（《大全》：11）

②闲言碎语你嫑听，如今的人，一句上加十来句哩。(《大全》：85)

③当兵也不过三五年，叫尕妹把心儿放宽！(《大全》：37)

④十年八年的几十年，等他个黄河的水干。(《精选》：80)

2. 量词

河湟花儿量词的数量和种类比普通话少，但有普通话没有的特殊量词，有些量词的用法与普通话不同。

(1) 量词的分类

①物量词。专用的物量词有以下几类：

度量衡单位：丈、尺、寸、斤、两、石、斗、升。

个体单位：个、件、本、间、把、根、张、匹、块、片、只、架、支、枝、朵、辆、幅、座、句、封、道、条、颗、张、顿、连。

集体单位：双、对、副、群、堆、伙。

借用的物量词有以下几类：

借用名词：一锭墨、一眼清泉、一口儿气、两桶水、一碗水。

借用动词：俩捆麻绳、两桶水、八担米、一堆草、一把大豆、一摞石头。

②动量词。

专用的动量词：趟、场、回、次、下、遭、遍、阵、缠（躔）。

借用的动量词：骂一声、放两枪、打一仗。

河湟花儿中的有些量词普通话没有，例如：

①你给我先做个烟包儿，我给你买一连手帕。(《大全》：150)

②白杨的木头杏木的心，扯坏了两连锯子。(《花儿集》：381)

③白骨精的心不甘，摆身又把三缠《花儿集》记作"躔"，本字为"刬"①变。(《精选》：64)

有些量词普通话也有，但用法不同，河湟花儿中可修饰的事物在普通话中

① 对 chan 的本字的考证出自张安生《同心方言研究》，中华书局，2006：200。

不能组合。例如：

①十八条骡子走泾阳，回来了走一趟巩昌。（《大全》：118）

②白牡丹长给在山里了，隔一架岭，红牡丹长成个树了。（《大全》：123）

③白杨尖上的一架鹰，柳树尖上的凤凰。（《大全》：73）

④一帮哈羖鹿山羊一帮哈羊，伙伙哩（里）来狼者哩。（《集萃》：5）

⑤谁的手长了谁折上，一把手遮不住太阳。（《大全》：292）

有些量词后面会加后缀“子”或“儿”，加“子”表示对数量的强调；加“儿”表示“数量小”，或带有“喜爱”的感情色彩。例如：

①一趟子跑给了九架山，山高得很，思谋时翻了个塄坎田埂。（《大全》：21）

②南天门上的龙凤宫，手提了一页子金砖。（《大全》：43）

③一马三件子置全了，没有个打围的空儿。（《大全》：241）

④一身的嫩肉想干了，只剩下一口儿气了。（《大全》：168）

⑤心肝牵成三绺儿，看你是没有个空儿。（《大全》：168）

⑥一块儿锦缎千条线，绣烟袋，绿叶子包的是牡丹。（《大全》：11）

（2）量词“个”的语法功能

河湟花儿的量词“个”比较有特色。首先，使用范围广。河湟花儿中的“个”组合对象泛化，有些普通话中的词语不能搭配“个”，但在河湟花儿中都可以搭配。例如：

①天气又大来人又乏，心想者喝一个细茶。（《集萃》：46）

②天上的云彩们翻浪哩，阿达些有一个雨哩？（《集萃》：48）

③樱桃儿好吃着树难栽，树根里渗出个水来。（《大全》：2）

④盼来盼去一场空，空一场，难辛上加了个怨怅。（《大全》：2）

其次，“个”在花儿中常用作衬字。例如：

①一队的鹁鸽房脊上站，咕咕地叫者个咋了？（《集萃》：1）

②你死嘛我死地连根烂，一句话没说个离然。（《集萃》：10）

最后，“个”有时用于形容词后，相当于助词“地”。例如：

①你悄悄个走者我没见，要问个你原因哩。（《集萃》：4）

②慢慢个等来者我不怕，不怕你半路里闪下。（《集萃》：19）

（3）量词的重叠形式

河湟花儿中部分量词可以重叠，非度量衡的单音节动词重叠为 AA 式，有时意义相关或相近的单音节量词可重叠为 AABB 式，还可以加上数词“一”重叠为“一 AA”或“一 A 一 A”，一般表示“每一”“逐一”或“多”的含义，“一 AA”有时表示“少量”。量词重叠后可以做主语、谓语、定语、状语、补语。例如：

①层层石头儿修成路，哪一个月儿里忘掉？（《大全》：113）

②大红主袄儿蓝罩子，仔细地看，双双对对的纽子。（《大全》：378）

——表示“每一”

③一道道云彩一道道雾，雾罩了姊妹的巷道。（《大全》：113）

④人里头好不过少年人，一个一个的英雄。（《大全》：147）

——表示数量多

⑤一口儿一口儿一口儿接一口儿长气哩，一阵儿一阵儿一阵接一阵想哩。（《大全》：198）

⑥一天哈一天一天接一天的消停哩，消停时我你哈见哩。（《集萃》：10）

——表示逐一

⑦连你不离一会会一小会儿，灶房门上缠蛋蛋纠缠成一团儿。（《集萃》：45）

⑧大豆开花一撮撮一小撮，小豆儿结下的豆角。（《大全》：197）

——表示少量

（五）代词

河湟花儿的代词有人称代词、疑问代词、指示代词三类。

1. 人称代词

河湟花儿的人称代词和普通话一样分为第一人称、第二人称和第三人称，但和普通话人称代词的词项、用法都有差别。具体如表 3-2 所示。

表 3-2　河湟花儿人称代词表

人称	单数	复数
第一人称	我、咱	我们、咱们、阿们
第二人称	你	你们
第三人称	他/她/它	他们/她们/它们
	家（傢）	
反身代词	个（各）家、个（各）人、自家	个（各）家们
旁指代词	人、人家、别人、别人家、旁人、外旁人	人家们、旁人们
统括代词	大家	

河湟花儿的代词没有敬称“您”，反身代词不用“自己、自个儿”，而是“个家”，“个”为花儿作品用字，本字应为“各”[①]。河湟花儿中特殊的第三人称代词单数是“家”，在近 20 年的河湟方言论著中多做“傢”，河湟方言有复数形式“傢们”，但本书所用花儿语料库未见复数用例。指代“自己”以外的人或事物，除使用“别人”外，还有“人、人家、别人、别人家、旁人、外旁人”。其中“人家、旁人”常加“们”表示复数，“个家”明确表示单数时后面不加“们”，如“我个家”“你个家”“他个家”；表示泛指，后面可以加“们”。例如：

① 此为张安生教授的意见。

①团里的阿姐哈没干转，家把我搡了个仰伴。(《大全》：239)

②你娘家里去着不见人，晚夕里我个家睡了。(《大全》：227)

③花儿们亲远是一样的人，心软者不要个家们。(《集萃》：115)

④想起尕妹子丢不下，官身子由不得自家。(《花儿集》：395)

⑤个人的夫妻上做戮不珍惜哩，活该是受两天苦哩。(《集萃》：91)

⑥旁人俩说话嫌颇烦，和你说话时喜欢。(《大全》：91)

⑦旁人们看你是干求淡，你个家思想是干散。(《大全》：70)

⑧你和外旁人要搭话，我俩人还没有罢下。(《大全》：203)

⑨人家们维人也容易，我维的人，黄沙儿澄金子哩。(《大全》：203)

⑩我一心看一回你来了，人看是我浪的样子。(《大全》：78)

指称统括的人称代词是“大家”，不用“大伙儿、彼此”。例如：

我俩的名声大家的嘴，欢乐着到阴间哩。(《大全》：268)

2. 疑问代词

河湟花儿的疑问代词和普通话区别较大，具体情况如表 3-3 所示。

表 3-3　河湟花儿疑问代词与普通话对照表

项目	问人、物	问处所	问时间	问数量	问动作状态	问程度	问原因
河湟花儿	谁 阿一个 什么 什么个	阿达些 啊搭/达儿 啊扎儿 啊着儿 阿/啊里 哪达些 哪里	阿会 多会 多早（藏） 儿时	几 多少	阿们 阿么 阿怎么 咋 怎么 怎么样	阿门 多	为什么 咋
普通话	谁 什么	哪里 哪儿	多会儿 哪会儿	几 多少	怎么 怎样 怎么样 什么样	多 多么	为什么 怎么 咋

疑问代词“阿”义为“哪、何、怎”①，构词能力很强，“阿一个、阿达些、阿会、阿里”就是“哪一个、哪达些、哪会、哪里”，西宁话中“阿”可单独做疑问代词使用，如“傢阿去了他去哪儿了”。“花儿”中“啊扎（着）儿”表示“哪里”，有虚指用法。例如：

①天上的雁儿一绺儿，啊着儿落脚着哩。（《大全》：265）

——一般疑问

②这一个尕妹是谁家，好像是啊扎儿见了。（《大全》：249）

——虚指

河湟方言中“谁”有复数形式“谁们”，本书所用的河湟花儿语料库未见用例。“谁”用于问人，“什么”可用于指人、指事，也可以虚指，有时用“什么个”。例如：

①你说是少年的大行家，少年的头头是什么？（《大全》：248）

②不明不白地丢下了，什么个因干着罢了？（《大全》：294）

③再的什么哥不逗，单单想吃一块肉。（《精选》：42）

例①中“什么”指人，例②中“什么”指我“物”，表一般疑问；例③“什么”指物，表虚指。

问性质的“阿们”“阿门”是不同版本的花儿集用字，意义、用法没有区别，与普通话的“么”同源②，因河湟方言口语“么”和“们/门”读音相近或相同，所以河湟花儿听音记词而三字混用，“阿么”相对使用更多。“阿么”可做谓语、状语、定语，后面常出现虚词，说成“阿么者（着）、阿么价（家）、阿么个”。“阿么”后加“了”，是表达一般性的询问。例如：

---

① 关于“阿”的解释及例句出自张安生《西宁回民话语法调查报告》，未刊稿，2012：95。

② 张安生《西宁回民话语法调查报告》，未刊稿，2012：95。

①死身子好丢活难离，我离了你，糊涂着再阿么哩？（《大全》：276）

——做谓语

②不明不白地丢下了，阿么着搭不上话了？（《大全》：294）

——做状语

③越看尕妹越欢了，娘老子阿么价养了？（《大全》：215）

——做状语

④不满一岁的尕骡娃，不知道阿么个跑法。（《大全》：8）

——做定语

3. 指示代词

河湟花儿的指示代词有近指和远指两类。具体情况如表 3-4 所示。

表 3-4 河湟花儿指示代词表

指代对象	近指	远指
代人和事物	这	吾（兀）
代处所	这里、这儿、这下	那里、吾（兀）里、那下、吾（兀）半个那里、那面
代时间	这会儿	无
代性质状态、动作方式	这样、这么、这么样、这么价、这么着	无
代程度	这么	那么

近指代词和普通话区别不大，在河湟花儿中也用“这儿、这下”，但用例不多，本书使用的河湟花儿语料库只检索到两例。“这么”常后加虚字“着、价”，表示动作或状态，做状语或谓语。代时间和代性质状态、动作方式的远指代词“无”在本书所用河湟花儿语料库中没有用例。河湟方言常用的远指代词“兀”，在《花儿集萃·河州花儿卷》记作“吾”，代时间、性质和动作的远指代词未发现用“吾”构成的指示代词。例如：

①要看他口里头说得悬，吾（兀）是骗人者阔谝的。（《集萃》：112）

②高高山上的野苜蓿，我吾（兀）里把羊哈挡过。（《集萃》：189）

③吾（兀）半个唱花儿的憨墩墩儿，妹妹你听，阿哥心想者要维来哩。（《集萃》：189）

④这会把你再不见，活把人心叫想烂。（《精选》：57）

⑤我俩人不是一娘养，阿么着这么价好了？（《大全》：18）

代词也有格范畴，人称代词和疑问代词做宾语放在动词前往往用宾格助词“哈”标记。例如：

①手搭着腔子上你思想，谁好了把谁哈要上。（《大全》：7）

②官司好打钱难出，你我哈什么人卖了。（《大全》：155）

（六）副词

河湟花儿中的副词按意义可以分为程度副词、范围副词、时间频率副词、否定副词、情态方式副词和语气副词六类。

1. 程度副词

程度副词如稀、糊涂、些些乎几乎、最、很、更。

③九月里来霜降哩，牡丹稀不极其，非常孽障可怜哩（《精选》：36）

④我把你牵挂者糊涂歹相当凶，你为啥不想个我来？（《集萃》：153）

⑤三年没见想坏了，些些乎丢了个命了。（《精选》：118）

⑥远看石山陡得很，上去时还比场平。（《大全》：73）

“糊涂”［hutu］在方言论著中也写作胡嘟、胡突，是西北地区使用很广的程度副词，一般做状语。“稀”表示较高的程度，但只出现在否定词“不”“没”前面，做形容词、动词的状语，如“稀不多”就是“非常多”。“最、很、更”的用法和普通话用法基本相同，应当是受到普通话的影响，“最、更”做状语，

“很”在河湟花儿中主要做补语，本书所用的花儿语料库只检索到一例做状语。

2. **范围副词**

范围副词如都、尽、只、就。

①一百把钢刀都放下，油锅里我不怕煎炸。(《大全》：81)
②五辈的事情你打听，我的心，尽扯在你的心上了。(《大全》：72)
③我心里只有你一个，自尕儿玩耍着惯了。(《大全》：77)
④正想的时候闭上眼，眼睛里就看见你了。(《大全》：89)

3. **时间频率副词**

时间频率副词如才、正、将刚、就、常、从来、还、再、又、可、迟早、永。

①多人的伙里把她看，就活像才开的牡丹。(《大全》：99)
②正是杏花的二月天，石榴花开在路边。(《大全》：213)
③哥哥年轻者人活范灵活，好像是将刚开的牡丹。(《集萃》：20)
④一青一黄的将一年，一年里能见上几面？(《大全》：279)
⑤尕妹妹家中常思想，阿哥在千里的路上。(《大全》：2)
⑥黄蚂蚁撒了坟滩了，还撒了坟骨堆了。(《大全》：277)
⑦尕妹说了悔心话，悔心是再不想了。(《大全》：302)
⑧我俩的婚缘离不开，迟早是花案上去哩。(《大全》：95)
⑨哥哥的仁义永不忘，尕妹妹维人也气长。(《大全》：305)

副词“将”本字为“刚”，西北方言“刚”普遍音同“将”，花儿中也用“将”字记录。

4. **否定副词**

否定副词如不、没有、没。

①哪怕名声扬天下，请尕妹不要害怕。(《大全》：86)

②石头上栽花根没有扎，风摆着叶叶儿落下。（《大全》：121）

③羊肉没吃手染了，血染了卧龙袋了。（《大全》：123）

5. 情态方式副词

情态方式副词如亲自、端端单单、立立专门，有意、悄悄。

①尕妹子等不到天气黑，亲自儿要搭个话哩。（《大全》：214）

②早起儿晚夕不吃饭，端端儿牵了个你了。（《大全》：208）

③立立地看一趟你来了，尕脸脑不展着咋了？（《大全》：66）

④我担名声你维人，没礼行，悄悄儿不叫你罢下。（《大全》：300）

6. 语气副词

语气副词如到底、偏、就、反正、大概、合。

①走到的大路上你打听，到底是实心嘛假心。（《大全》：4）

②新媳妇把年轻人偏不要，把茬茬胡要下时稳了。（《集萃》：87）

③上下的庄子里排出的，反正没有持住个你的。（《集萃》：34）

④来得迟了门关了，大概是没缘法了。（《大全》：52）

⑤合像阴间活阎罗，枉在庙里念弥陀。（《精选》：64）

河湟花儿的副词和普通话有明显不同，不仅数量少，有些词用法也不一样。例如“可”表示“又”，“合”表示“正好，恰好”的意思。例如：

①热头钻者个云里了，停给会可出来了。（《集萃》：92）

②越看个花儿越罕稀稀罕，合我的活忙者哩。（《集萃》：20）

有的副词为多义副词，如“就”“可”，既是时间副词，也是语气副词。例如：

①西瓜熟了就摘下，不吃了桌子上摆下。(《大全》: 11)

——语气副词

②这一朵云里有雨哩，眼看着就要下哩。(《大全》: 250)

——时间副词

③可见了我的罕稀了，心跟上肝花着转了。(《大全》: 372)

——语气副词

④上了个坎坎儿者可站下，抓住个尕手儿者坐下。(《集萃》: 7)

——时间副词

二、虚词

河湟花儿中的虚词包括介词、连词、助词和语气词四类。

(一) 介词

河湟花儿中的介词主要有“往、朝、顺、把、叫、带、比、给、被、凭、为（为了）”等。例如：

①新打的庄廓合龙口，龙口往哪边调哩？(《大全》: 4)

②有钱着眼睛朝天了，哪有个钟情的意哩？(《大全》: 27)

③翻过个墙头者顺塄坎跑，人家们瞅下时罢了。(《集萃》: 95)

④清水漫了河滩了，杨柳树叫水淹了。(《大全》: 20)

⑤外面的憨哥哥两三个，带连同家里的老实汉是四个。(《集萃》: 41)

⑥面对面喝水比蜜甜，一个人喝水是苦酸。(《大全》: 20)

⑦千里的路上看一回你，给妹妹宽心着哩。(《大全》: 270)

⑧月亮里扎花减色了，丝线被风吹着乱了。(《大全》: 91)

⑨世事哈全凭个钱财啦转，人前头站的是富汉。(《集萃》: 106)

⑩为了个尕妹是扯烂心，谁有个我的盘算？(《大全》: 73)

以上河湟花儿的介词多数与普通话用法大致相同，只有“把”和“给”的用法比较特殊，需要特别说明。

1. 介词“把”的语法功能

河湟花儿的“把”主要用于表示处置、致使，处置义“把”字句中“把”的宾语是受事，而致使义“把”字句“把”的宾语是施事或当事，这和普通话的用法一样。例如：

①尼纶绳缩下的花鞭子，要把个馋羖鹿受事打哩。（《集萃》：106）

——表处置

②这一趟回去再甭来，你把我施事丢人着够了。（《大全》：57）

——表致使

“把”也有不用于表示处置和致使的情况，只是一般的陈述或祈使。具体有以下几种用法：

第一，“把”引介动词关涉对象，“把”字句动词没有处置义，句式表示祈使或一般陈述。例如：

①馍馍不吃茶不喝，你把个实心的话说。（《大全》：14）

——祈使

②城头上打锣着城根里响，夜里了把灯哈照上。（《大全》：7）

——祈使

③为你把眼睛哭肿了，把旁人瞅成个你了。（《大全》：32）

——一般陈述

④青石头砚台里水倒上，白纸上把婚书写上。（《大全》：48）

——一般陈述

第二，“把”表示对待义，相当于普通话的“对、拿”等。例如：

我把花儿十分疼，你疼三分着肯哩。（《大全》：192）

第三，“把”字后宾语前加“个”，表示宾语所代表的受事是无定的。例如：

你搭个梯子我上房，手把个星宿儿摘上。（《大全》：209）

第四，河湟花儿常用“把”字句表示比喻，用“把”引介本体，构成“把＋A＋好比＋B”的格式。例如：

把阿哥好比个黄金子，贵重着啊里有哩？（《大全》：40）

第五，“把”只起强调主语的作用，可以省略，和原句相比语义不变。例如：

若不为你，把这个人还活啥哩！（《大全》：124）

第六，“把”用于提宾，有时还搭配“哈”使用，突出动作关涉对象。例如：

①你手搭腔子细思想，谁还把你的当上？（《大全》：30）

②一铁锹铲断我俩的路，谁把个良心哈坏了？（《大全》：17）

第七，“把”引介比较对象，构成差比句，格式为“比较对象＋把＋比较基准＋比不过”。例如：

苦荞蔓儿把黄药子比不过，黄药子的蔓子们太长。（《精选》：313）

本部分只分析河湟花儿中介词“把”的功能和用法，关于河湟花儿“把”字句特点和类型的分析见第五章。

2. 介词“给”的语法功能

河湟花儿的介词“给”与名词构成介词短语，主要做状语，引介给予对象，表示给予或祈使，“给”引进的对象有时用格助词“哈”标记。例如：

①胛骨头上担桶担，你把脸脑给我看。(《花儿集》：58)

——引进给予对象

②沙泥地罐罐里煨酒哩，我给你抓盅子哩。(《大全》：42)

——表施与，相当于“为”

③少年阿哥唱上来，给老汉开个心来！(《大全》：40)

——加强祈使语气

④你去了给你的阿姐说，我你哈当一个姐夫。(《集萃》：23)

——引进对象，相当于“向”

⑤尕妹有难心给阿哥哈说，不说时憋出个病哩。(《集萃》：145)

——后附宾格标记

(二) 连词

河湟花儿的连词可以分“啦、连、带”“因为、但是如果”两类。“啦、连、带”的功能相当于普通话的“和”，用于连接名词或名词性短语。“哈”偶尔也可以活用如连词。例如：

①针线啦茶饭是没学头，好本事也学它两手。(《大全》：370)

②尕妹俩阿哥同床睡。(《大全》：48)

③我连阿哥凑一对，我心上来，你心上还有啥后悔。(《大全》：45)

④五辈的情场里高兴俩闹，忧愁带颇烦哈忘掉。(《大全》：347)

⑤青稞哈大麦我不种，我种个大豌豆哩。(《大全》：62)

张安生（2013：293）认为，连词“啦/俩”来源于随联格助词“啦/俩”，随联格助词“啦/俩”具有后置介—连词的功能（江蓝生，2012），由此进一步语法化为连词。例④中“忧愁”和“颇烦”是形容词，但是充当谓语动词“忘掉”的宾语，相当于体词性成分。连词“带”在本书所用花儿语料库只检索到一例。青海方言中“带”不仅做连词，还做介词，也具有连—介词性质，花儿中也有介词用例：

外面的憨哥哥两三个，带连同家里的老实汉是四个。(《集萃》：41)

连词“因为”表示因果关系，在河湟花儿中用例不多，例如：

打死打活的我没认，只因为，我俩的缘法儿重了。(《大全》：94)

连词“但是”在河湟花儿中表假设，义为“如果”“要是”。例如：

你但是实心我喜欢，这也是前世的姻缘。(《花儿集》：217)

(三) 助词

河湟花儿的助词主要包括帮助表达名词范畴义的格助词、复数助词；帮助动词表达范畴义的动态助词、语态助词、连接助词。此外还有结构助词、比况助词等。

1. 格助词

河湟花儿有丰富的格助词，以张安生（2013）对河湟方言格范畴及其标记的归纳为参考，河湟花儿的格范畴主要有 7 类，其中主格为零形式；“哈/啊”为宾格助词，“啊”是“哈”的弱化，“哈、上、些”为与格助词；“啦”为从格助词；“啦/俩”为随联格和凭联格共用助词，“啦/俩”是同一个词的不同用字，反映了河湟两地的读音差异。格助词的具体用法详见第四章。

2. 复数助词

河湟花儿在名词后加“们”表示复数，而且“们”的使用范围非常广，可以出现在指人或指物、专名或泛称、具体或抽象、可数或不可数、有生命或无生命的几乎所有名词后。例如：

指人：孽障不过着我们。（《花儿集》：183）

谁是阿哥们汉子家。（《花儿集》：155）

指物：香子们跑上着过了。（《大全》：155）

花败是葫芦们吊下。（《花儿集》：161）

专名：热头们躲者个云里了。（《集萃》：188）

抽象：外心们再不要想了。（《花儿集》：181）

不可数：露水们草尖上哩。（《花儿集》：170）

无生命：鞋袜们一块儿取来。（《大全》：155）

3. 体貌助词

河湟花儿的体貌助词有“着（者）、了、过、开、脱”，分别表示持续体、完成体、经历体和起始体。

体貌助词“着”有时也记作“者”，只是文本记录的差异。《河湟花儿大全》（李少白、李养峰，2011）只有一个“者”字，《花儿集萃》（陇崖，2005）“着”字共50多个，“者”字1300多个。“着（者）”用在动词或形容词后，表示动作的进行或状态的持续，如果动词带宾语，河湟花儿的“着（者）”有时会放在宾语后面。例如：

①下河里上来的拾粪娃，手拿着拾粪的杈杈。（《集萃》：29）

②心儿里有话口难开，拿少年问候着你来。（《大全》：10）

③西天取经的是唐僧，白龙马驮经者哩。（《大全》：1）

④房子拆掉墙站着，四面的花窗儿亮着。（《大全》：107）

动态助词“了”用在动词或形容词后，表示动作或性状的实现和完成，即已经成为事实。例如：

①左手儿抓住个大哥哥，右手儿擦了个眼泪。（《大全》：108）

②日子多了心念着，心急了大门上浪着。(《大全》：107)

动态助词“过”用在动词后，表示动作曾经发生。例如：

①坐过的地方上想你哩，几时上再见个面哩？(《大全》：113)
②高墙园子里白牡丹，叶叶儿搧过了塄坎田埂。(《大全》：116)

河湟花儿有两个比较特别的动态助词“开”“脱”，放在动词后表示行为动作或某种变化的开始。例如：

①四面的云山们塌开了，电闪者大风们刮了。(《集萃》：73)
——开始塌
②门杨的栽子才栽开，啥时节长成个树哩。(《大全》：84)
——开始栽
③湿地里鸡娃儿哈耍放脱，潮湿时鸡娃们病哩。(《集萃》：214)
——开始放
④尕妹黏住着走不开，走脱着可又留下了。(《大全》：230)
——开始走

4. **语态助词**

河湟花儿的“给”放在动词前，表被动，与普通话用法相同。例如：

①手拿个细长的剪子了，绵羊的毛哈给剪了。(《集萃》：66)
②尕媳妇买下的花袜子儿，走开时她给忘了。(《集萃》：79)
③尕妹打扮好者出来了，心思们给搅者乱了。(《集萃》：91)

河湟花儿还用动词加语态助词“给”构成被动态和使动态。“被动态”由动词加上语态助词“给”做被动标记，主语是动词的受事，而非行为动作的发出者。例如：

①马五阿哥抓给者城里了马五哥被抓到城里去了，大老爷阴子里说通了。（《精选》：141）

②西门庆死给着武二郎西门庆被武二郎杀死了，潘金莲阴间里告状。（《大全》：332）

“使动态”由动词加语态助词“给”做使动标记，表示命令、请求、允让等。例如：

①尕妹的鞋袜消停给，日子儿还长着哩。（《大全》：38）

——表请求或命令

②清油的灯盏哈要灭给，三间的庭房哈亮给。（《集萃》：139）

——表请求或命令

③人家们吵了吵去给，你好心想，我拿把柄儿稳当。（《大全》：44）

——表允让

5. **连接助词**

连接助词是用于动词连接式（相当于阿尔泰语的副动词）后，表示与相接的谓词性短语/主句之间种种语法关系的助词。

河湟花儿的连接式助词有“着（者）”“是（时）”“哈（呵）”，这三个助词因花儿集版本不同而用字有差异，属于异字同词。“着（者）”用于动词性词语之间，表示动作的承接、动作的方式或结果，以及其他的复杂的逻辑关系。例如：

①你死时我跟着死去哩，你活时陪你着坐哩。（《大全》：191）

——动作的方式

②天大的名声有我哩，舍命着陪君子哩。（《大全》：8）

——动作的方式

③我实心维下个花骨朵，命苦者压受承受不住了。(《集萃》：77)

——动作的结果

④家里嘛外面的瞎气闲气大，我两个商量者走吧。(《集萃》：97)

——动作的承接

⑤人家们叫我者我没去，阿哥哈说实话哩。(《集萃》：16)

——表示转折关系

⑥轻风吹着个雨来了，路滑着我难走了。(《大全》：267)

——表示因果关系

“是（时）”用于动词或动词性词语之间，表示时间关系或逻辑语义关系。例如：

①半路里闪我是万不能，这是你错做的睡梦。(《大全》：298)

——表假设

②洞宾爷造下的清溜溜的酒，喝的了一盅是醉了。(《花儿集》：416)

——表顺承

③大门开是门响哩，门窝里尕袖衬上哩。(《花儿集》：30)

——相当于“的时候”

④活者了捎一封书信来！死了是托一个梦来！(《花儿集》：1)

——相当于“以后”

“哈（呵）”用在谓词性词语之间，表示假设，相当于“……的话”。例如：

没盼别的只为了你，要死呵我你哈要哩。(《大全》：259)

6. **结构助词**

河湟花儿也和普通话一样用“的、地、得”来标记定中结构、状中结构、中补结构。其中“的”字也经常用同“地、得”，作为状中和中补结构的标记。例如：

①实心的尕妹人梢子，手端了满瓶的醋了。(《大全》：141)

②大羊离了羊群了，满山地转，尕羊羔吃不上奶了。(《大全》：144)

③生下得俊来长下得端，尕妹是天仙女下凡。(《大全》：144)

④墙上上了慢慢的爬，恐害怕隔壁的黄狗咬。(《花儿集》：45)

"的、地"在青海西宁等地方言中读作"仔"，在甘沟一带读作"[tʂʅ]"，音同"着（者）"，所以，有些青海花儿记作"仔"或"着"。例如：

①身穿白袍仔穆桂英也，脑子小花儿也！
头戴了六郎仔孝了拜来。(《花儿集》：84)

②一张白纸四四方，写一篇锦绣着的文章；
杨家坐的啥地方，你给我详细着地对上。(《大全》：3)

如前所述，"个"有时用于形容词后，相当于助词"地"：

①你悄悄个走者我没见，要问个你原因哩。(《集萃》：4)

②慢慢个等来者我不怕，不怕你半路里闪下。(《集萃》：19)

7. 比况助词

河湟花儿的比况助词是"般的（地）"，表示比喻。例如：

①好马儿不用鞭子打，一股风般地走哩。(《大全》：142)

②眼睛里见了没搭上话，心活像黄蜡般泪了。(《大全》：120)

(四) 语气词

河湟花儿的语气词分为陈述、疑问、祈使和感叹四类。

1. 陈述语气词

河湟花儿的陈述语气词包括“了、哩、的”。

语气词“了”在河湟花儿中很常见，用法和普通话差不多，表示新情况出现或煞尾结句。河湟花儿常以“了”做韵脚，形成独特的“了字格”。例如：

①提起杨家杨大郎，金沙滩赴了宴了；
我俩不是一娘养，恩情比泰山重了。（《大全》：304）
②香子吃草者回来了，鹿吃了清泉的水了。
心儿里冻在冰块了，见你者消成个水了。（罗耀南，2001：179）

当语气词“了”接在动词后，就兼有体貌助词“了”表示行为动作完成的意义，如例句②“香子吃草者回来了”的“了”就是体貌助词兼语气词的用法。

河湟花儿的语气词“哩”使用频率很高，与西北方言中的用法大体一致，用在句末表示陈述语气，“指明、肯定、强调某种事实、行为、状态”（张安生，1993：79），多用在非已然态的谓词性词语后，有结句作用，如“豆花儿扬红着哩”（《大全》：300）。河湟花儿还常见一首中的各句都用“哩”煞尾的。例如：

天上的云彩跑马哩，太子山雾拉着下哩；
尕妹的心里有假哩，费这个心思着咋哩？（罗耀南，2001：204）

“哩”还可以用在句中并列成分后，表对比，如“花儿上哩我下呢”（《精选》：11）。用在重复的成分后，强调动作的多次反复和长久持续，如“扎花哩扎花哩针折了”（《精选》：123），“等里（哩）等里（哩）是没相了”（《集萃》：54）。

“呢”在本书河湟花儿语料库用例不多，只有《花儿集》《西北花儿精选》有少数用例。“呢”功能和“哩”一样。《临夏方言》（1996：192）认为二者是回汉腔的区别，回腔用“哩”，汉腔用“呢”。例如：

手压着指头数日子，多会儿者肉挨着肉呢？（《大全》：40）

语气词“嘛”在河湟花儿中常用在主语后表示提顿，用作话题标记，有提示陈述对象的作用。例如：

①七月里到了菊花黄，织女嘛要会个牛郎。（《大全》：361）

②二月里到了草发芽，青青的草芽嘛站下。（《大全》：362）

“的”作为语气词，用法和普通话一样，表示肯定、确认。例如：

天晴没知道天阴的，天阴着没知道下的。（《大全》：56）

2. 疑问语气词

疑问语气词主要有“吗、哩”。“吗”常用“么（麽）/木/嘛”字记录，是异字同词现象，在本书使用的河湟花儿语料库用例较少。用“吗”字记录的最少，常见用同音字“么（麽）”“嘛”记录的。“吗”用于是非问，只有一例：“乌鸦要吃馍馍哩！教吃哩吗?”（《花儿集》：14）

“吗/么/嘛”大多用在选择问句、正反问句中的前问项后面，相当于普通话的“……还是……”或“……呢，还是……”。例如：

①热头上来板对板，你靠的前山吗后山？（《花儿集》：256）

——选择问句

②好哩吗不好你斟酌，我等的时节大了。（《精选》：99）

——正反问句

③家花儿好嘛野花儿好，好不过佛前的绣球。（《大全》：41）

——选择问句

④尕手里拉住了问几遍，我走是你心酸么不酸？（《花儿集》：221）

——正反问句

河湟花儿的选择问句还常常与“哩”“吗（嘛、么）”连用，构成“……哩吗（嘛、么）……”或“……哩吗（嘛、么）……哩”的句式。据《同心方言研究》（张安生，2006）分析，选择问句中的语气词“ma”用字应为“吗”，表示疑问语气，“哩”帮助表达疑问语气，但仍具有陈述语气词的特点，属于陈述语气词。例如：

①有钱汉耍的鬼把戏，谁知道长哩嘛短哩。（《大全》：26）

——选择问句

②清油灯盏羊油的蜡，着哩嘛不着地照下。（《大全》：84）

——正反问句

“哩”用在特指问句，由疑问代词表达疑问，“哩”强调疑问语气，是辅助性疑问语气词，如“脸黑成老鸹（着）咋哩”（《大全》：302）。

普通话常见的表揣度的“吧”在本书语料库未见用例，河湟方言常用的表疑问、反问的“吵”在本书语料库也未见用例。

3. 祈使语气词

河湟花儿中的祈使语气词主要用“吧”。“吧”用在祈使句，表示请求或命令的语气。例如：

①天大的苦处你吃吧，我走了全靠你拉拔。（《大全》：369）

②尕妹像朵刺梅花，折不上，唱一个少年了走吧。（《大全》：2）

4. 感叹语气词

河湟花儿的感叹语气词有“呵、呀”。“呵”在花儿作品集中多记作“哈”，表示比较强烈的语气。例如：

①尕鸡娃瘦了者毛长了哈！（《花儿集》：78）

②衣裳破了者人穷了哈！（《花儿集》：78）

③要死呵我你哈要哩。（《大全》：259）

④变成个四不像了呀！（《花儿集》：78）

⑤大哥哥去哩呀妹子坐呀！想肝花哩！（《花儿集》：78）

花儿唱词的文本记录在句末用了感叹号，说明记录者在语感上感受到较强烈的语气，所以一定程度上可以将感叹号作为判断花儿歌词文本感叹句的依据。

此外，河湟花儿还有语气词“说”。“说”字用在句尾，无实义，只表示一定的语气，但表示的具体语气尚待考证。“说”字前常和“哩”组合。例如：

北京的刀子南京的鞘，鞘儿上挑龙哩说；
你不要哥哥我知道，人伙人群里挑人者哩说。（刘凯，1982：62）

河湟方言中有引语标记“说、说着”，用于引用他人的“称谓、听闻、言说”（张安生，2007：346）的内容。但从以上两例河湟花儿来看，并没有作为引语标记的语法特征，只表示语气，去掉以后原义不变。

花儿歌词在辑录过程中，其中的某些语气词可能会有所取舍，因此，花儿作品集中的花儿唱词文本未必能够反映河湟花儿的原始语言面貌，这对于分析其语气词有一定的影响。

三、词语活用为衬字

河湟花儿的衬字使用非常普遍，每首花儿在歌唱时都会加上衬字。所谓“衬字”是指民歌歌词中穿插的一些正词之外的字词，是为了歌唱需要而增加的语气词、感叹词或具有一定语法意义的虚词，大多为单音节，所以称为“衬字”。“衬字”在民歌歌词中常常只代表音节，起补足音节的作用，但在某些条件下，它在记音的同时还兼有特定语境临时赋予的语法作用，因而属于词语活用为衬字。郗惠民（1989：324）根据作用把衬字分为语助性衬字、镶嵌性衬字和感叹性衬字三类。

（一）语助性衬字

语助性衬字主要有“者（着）、吧、哈、们、嘛、啦、的、了”等（郗惠民，1989：324），在句子中做格律性音节补足唱词，同时兼有原词的语法作用，即具有补音和补义的双重作用，因此叫作“语助性衬字”，也被称为“格律性衬词”。例如：

者（着）：大红箱子着绿扣子（《大全》：214）

们：血痂们嘴皮上坐了（《花儿集》：90）

哈：一帮哈羖鹿山羊一帮哈羊（《集萃》：4）

啦：木塔木铣啦好比个桨杆（《大全》：73）

的：半夜哈三更的浪一趟（《集萃》：135）

了：山鹰们爱的是凤凰（了）山（韩华，2008：60）

“嘛、吧、哈”常用在四字固定短语的中间位置，前后两部分多为并列关系，有时也用“着”。例如：

①一对哈骡子走泾阳，哪一对骡子们稳当？（《集萃》：4）

②山高嘛路远地来不下，好情嘛好意地罢下。（《集萃》：181）

③跟前吧跟后地搭不上话，做的苦，羞羞吧惭惭地后悔。（《大全》：164）

④弯弯哈曲曲的长流水，手拿上木勺者舀了。（《集萃》：179）

⑤维人耍维个有钱汉，有钱汉心高着意短。（《大全》：16）

（二）镶嵌性衬字

镶嵌性衬字主要是“就”和“个”，有时还会组合其他衬字。例如：

①清溜溜的个（就）长流（呀）水，哗啦啦的个（就）淌了；
热乎乎的个（就）离开了你，泪涟涟的个（就）想了。（韩华，2008：61）

②上山的野兔儿跑了个快，枪手们没办法瞄给。（《集萃》：17）

（三）感叹性衬字

这类衬字主要有“呀、耶、啊、哎、哎哟”等，所处位置有句首、句中和句尾三种情况。处于句首的衬字有叹词性质，“具有呼唤或慨叹的意义”（郗惠民，1989：325），处于句中的衬词起填充音节的镶嵌作用，处于句尾的表示感叹或收尾。如“哎，兰州吗木塔藏里的经”（《花儿集》：7），“哎哟，风不呀刮来者树不呀摆”（《精选》：191），“身穿了（呀就）一身的宝（呀）蓝（耶）”（《精选》：189）。

四、本章小结

河湟花儿的词类包括实词和虚词两部分。实词包括名词、动词、形容词、数词、量词、代词和副词。名词有格范畴和数范畴，方位名词的用法较为特殊，“上、里”出现了不同程度的语法化，具有一定的格助词的功能，“上”的语法化程度更深。动词有体貌、语态、式范畴等形态变化。动词中的趋向动词出现频率很高，“来、上、下”可以做趋向补语，“上、下”还可表示完成和实现做结果补语，“来、下”语法化为可能补语。量词中有一些地方色彩鲜明的量词，如“躔”“连”等。量词“个”的用法比较特殊，除表示人或事物的量，还可用于表短时体，也常用作衬字。副词“可”“合”的用法与普通话差异明显。

虚词包括介词、连词、助词、语气词。介词中“把、给”的使用频率很高，“把”用法较多，可构成“把”字句表示处置和致使，也可用于一般的陈述或祈使；“给”引介对象，引介受事或给予、祈使的对象。连词有连接词语的“连、带、啦”，也有连接分句的“因为、但是”。助词种类较多，有格助词、语态助词、连接式助词、结构助词、比况助词等。语气词没有普通话、河湟方言丰富，有可能是在辑录过程中对语气词有一定取舍所致。

第四章　河湟花儿的形态

河湟花儿的体词和动词都有形态变化，分别称为体词性形态和动词性形态，这里所说的体词包括名词、代词、数量短语、的字短语等用同名词的词语；动词指动词性词语，也包括用如动词的形容词。体词性形态有格范畴和数范畴；动词有体貌范畴、语态范畴和式范畴。

一、体词性形态

河湟花儿最重要的语法特征就是体词有格范畴和格标记，数范畴与普通话也有较大区别。

（一）格范畴及其标记

格是形态发达的语言中与体词有关的语法范畴，格范畴“通过特定形式表示小句层面从属性体词与中心动词之间不同类型的语义关系，如动作的施事、受事、与事、处所、时间、工具、凭借等；或表示短语层面从属性体词与附置词（adposition）或其他名词之间的各种句法语义关系”（杨永龙、张竞婷，2016：25）。本节将分析河湟花儿体词性词语和谓语动词发生句法语义关系的格范畴。“名词性词语＋的”做定语，有的河湟方言论著分析为领格/属格，本书仍将“的”分析为结构助词，因而河湟花儿格范畴的分析不包括属格。河湟花儿的格范畴是以后附于名词词干的格助词作为形态标记的，格助词具有分析型形态标记的性质（张安生，2013：292）。

张安生（2013：292）将河湟方言广见的格范畴区别为7个小类：主格、宾格、与格、从格、随格、联格、凭格；再归纳为主体、客体、方所、随联、凭借格5个大类，5个大类又归纳为基本格、从属格两大聚合。局部地区也有位格和向格。本书将依照张安生对河湟方言格范畴的层级归纳对河湟花儿的格范畴进行分析。河湟花儿格范畴的类别和相应的格标记如表4-1所示，表中河湟花儿的格标记归纳情况与张安生（2013）的河湟方言格标记有所不同。

表4-1 河湟花儿格范畴及其标记表

<table>
<tr><th rowspan="4">比较对象</th><th colspan="7">次类层级</th></tr>
<tr><th colspan="3">基本格</th><th colspan="4">从属格</th></tr>
<tr><th>主体格</th><th colspan="2">客体格</th><th>方所格</th><th colspan="2">随联格</th><th>凭借格</th></tr>
<tr><th>主格</th><th>宾格</th><th>与格</th><th>从格</th><th>随格</th><th>联格</th><th>凭格</th></tr>
<tr><td>河湟花儿格标记</td><td>零形式</td><td>哈、啊</td><td>哈、上、些</td><td>啦、上</td><td>俩、啦</td><td>俩、啦</td><td>俩、啦</td></tr>
<tr><td>普通话相应介词</td><td>零形式</td><td>把</td><td>给、为、对</td><td>从</td><td>跟、和、对</td><td>和</td><td>用</td></tr>
</table>

1. **主格**

河湟花儿的主格不用标记，属于零形式，主格主要做主语。例如：

①太阳上来照西山。（《大全》：1）
②这活人哪一天到哩？（《大全》：1）
③太子山上一眼泉。（《大全》：72）
④你我的三魂哈搅了。（《大全》：14）
⑤东方发白的天亮了。（《大全》：118）
⑥我你（哈）诉了个难辛。（《大全》：9）

以上例句中不论谓语是及物动词、不及物动词，还是名词性、形容词性词语，充当主语的“太阳”“这活人”“太子山上”“你”“我”等都是零标记。

2. 客体格

(1) 宾格

河湟方言的宾格表示动作行为的受事、结果、对象等客体，主要做宾语或双宾句的直接宾语（张安生，2013：294）。河湟花儿的宾格标记是“哈（啊）”。作为宾格助词，它用于标记前置的宾语。有时“哈”与前置词“把”框式共现。例如：

①撒拉的艳姑哈见了。（《大全》：18）

②你莫把良心哈坏下。（《大全》：37）

③我把阳间的尕妹哈领上。（《大全》：144）

④维人的真心啊看来。（《大全》：93）

⑤大路哈让给个你哩让给你大路。（《集萃》：80）

——标记直接宾语

⑥我你哈牵给着心里了。（《大全》：156）

——标记直接宾语

⑦大房修下的二架檩，正当中盖一座过厅。（《大全》：75）

例句⑦中的“一座过厅”是动词“盖”的结果宾语，没有置于动词之前，也没有标记。

(2) 与格

与格表示动作行为的与事、涉及的对象等客体，主要做间接宾语或状语（张安生，2013：294）。河湟花儿的与格标记以“哈”为主，主要标注间接宾语，少量用例使用“上、些”，主要标注对象类客体，表示“向、对”。例如：

①我你哈给上个果子我给你个果子。（《集萃》：15）

——标记间接宾语

②白马哈上给的三角绊给白马上的三角绊。（《集萃》：101）

——标记间接宾语

③天大的亏枉你我哈说。（《大全》：24）

——与格标记，相当于“对”

④你我的身子上有好哩，我你上豁老命哩。（《集萃》：171）

——与格标记，相当于“对”

⑤憨憨敦敦你一个，我你些牵哩嘛忘掉？（《大全》：200）

——与格标记，相当于“对”

⑥明白的尕妹妹些领个教，相思病怎么好哩。（《大全》：317）

——与格标记，相当于“向”

例句⑤⑥中的“些”在河湟方言里是从格或位格标记，在花儿里用作与格标记，属于从格或位格的扩展用法。

3. 方所格

从格表示动作行为开始、经由的方所、时间或获取的源点、途径等。河湟花儿的从格标记及其用例都很少，用到的从格标记是“啦”，但本书河湟花儿语料库只有一例。方位后置词“里”也可以表示从格意义。作为方位词，有一定程度的语法化，但还没有语法化为格助词，只是具有一定的格标记作用。例如：

①山里的马鸡花翅膀，沟底啦从沟底窜到顶上。（《集萃》：47）

②穆桂英石峡里上来了从石峡上来了，她破了天门阵了。（《大全》：197）

③下路里上来从下路上来的蓝轿子，大红缎子的里子。（《大全》：207）

位格表示动作、行为、状态发生、存在的方位、处所、时间等。向格表示动作行为的趋向、目标或对象。河湟花儿没有严格意义上的位格和向格标记，方位后置词“上”可以用如向格标记①。例如：

---

① 关于“上”的性质及语法化程度的观点参考张安生《甘青河湟方言名词的格范畴》，《中国语文》，2013年第4期。

①端起饭碗想起你，大门上往大门口跑给了五回。（《大全》：115）

②名声们背下的不算了，我你的尕脸上往你的脸蛋看哩。（《集萃》：18）

③尕妹的身上家往妹妹的身子逗招惹哩，阿哥们看见时慷生气哩。（《集萃》：174）

——以上用如向格

例①②中“上”分别表示方向和目标，用如向格；例③中的“家”表示对象。青海方言中，“家”又作“价”，主要用作从格标记，也可表位格、向格义（张安生，2013），花儿中可以标记对象。

4. 凭联格

河湟花儿中的凭、随、联三格使用相同助词“俩/啦”，故可以合称“凭联格”。张安生（2013）为河湟方言凭联格标记选用专用字“哂［lia］”，以区分表双数意义的“俩”。河湟花儿都记作“俩”或“啦”，用字不同是由于方音差异，用法无异。语料库的记音用字因版本不同而有分别，《河湟花儿大全》（李少白、李养峰，2011）用“俩”，《花儿集萃》（陇崖，2005）除“你我俩你和我单变个双哩”用“俩”，其余均用“啦”。

（1）凭格

凭格又称“工具格”，表示动作行为采用的器具、材料及凭借的方式、方法（张安生，2013：294）。河湟花儿的“俩”常用于名词后，标记工具、材料，相当于普通话的“用”。例如：

①新打的庄窠一淌儿，桑木的门闩俩用门闩闩了。（《大全》：134）

②我拿实心维你哩，你拿的笑脸啦和“拿”共同表示工具哄哩。（《花儿集》：265）

③羊毛长了者剪子啦用剪子铰。（《集萃》：121）

——以上表工具

④干柴湿柴俩用干柴湿柴架一笼火。（《大全》：18）

⑤柏木啦用柏木楦下的楦头。（《集萃》：37）

⑥玉石啦用玉石做下的玉镯子，金子啦用金子做下的戒指。（《集萃》：

107）

——以上表材料

方位词“里”在一定语境也可用如凭格，例如：

豆绿的碟子里用豆绿的碟子端馍馍，菊花俩碗里的茶喝。（《大全》：222）

（2）随格

随格表示动作行为的伴随对象。河湟花儿用“俩/啦”引出跟随者，相当于普通话的“跟”。参与动作的主体有主从之分，随格助词“俩”引出的是跟从一方。例如：

①少年俩要搭个话哩要跟少年搭个话。（《大全》：17）

②阿哥俩清泉里遇走跟阿哥清泉边相会去。（《大全》：45）

③差点儿尕妹啦断关系差点儿和妹妹断关系，就因为强要个像哩。（《集萃》：29）

④我跟前的妹妹啦说实话和跟前的妹妹说实话，我把远路的妹妹撇下。（《集萃》：39）

花儿中也有从格“些”用如随格的例子。例如：

你我些陪着牙跌掉你陪我一起跌掉牙，我你些陪到土里我陪你一起到死。（《大全》：193）

（3）联格

联格表示动作行为的偕同对象。河湟花儿用“俩/啦”表示并列关系。“俩/啦”的功能相当于普通话的连词“和”，并可以与“和”“连”框式共现。例如：

①出门的阿哥讨平安，回来了我你俩我和你团圆。（《大全》：53）

②舌头和牙子啦打一仗，咬者个舌头们血淌。（《集萃》：111）

③我连阿哥啦大炕上坐，花儿哈往亮里唱哩。（《集萃》：124）

例句②③中联格标记“啦”搭配连词“和、连”共同表示偕同对象，与随格标记的区别更清楚。

（二）数范畴及复数标记

数范畴是语法范畴中最基础的范畴之一，它是语言中表现被陈述的人、事物、现象的数目以及在句中与其保持一致的语法模式。汉语表示“数”的方式有两种：在名词前用数量短语或在指人的名词后加“们”表复数。河湟花儿中体词的数范畴有单复数之分，其复数标记“们”的适用范围要比普通话大得多，可用于指人和指物名词、有生命和无生命名词、可数和不可数名词，以及单数事物名词。河湟花儿“们”的使用发生了泛化。

（1）代词＋们

①旁人们维的野花儿，我维的是好心肠的。（《花儿集》：147）

②人家们都有个知心的人，孽障不过着我们。（《花儿集》：183）

河湟方言中“们”不仅可以出现在人称代词后，还可以用在指示代词后，如青海甘沟话“你阿里哪里们去哩”（杨永龙，2014：244）。本书所用语料库中未见“指示代词＋们”的用例。

（2）人物名词＋们

①谁是阿哥们汉子家，一步儿一个家唱来。（《花儿集》：155）

②一马三件的武秀才，汉子们成功着哩。（《大全》：130）

③花儿们姑娘们爱的少年人，少年里数上个我们。（《大全》：10）

④家里不答应自主哩，媒人们搅上是坏哩。（《大全》：11）

（3）动植物名词＋们

①果子开花是树搭架，花败是葫芦们吊下。（《花儿集》：161）
②尕牛们拉的是尕木车，尕骡们拉的是轿车。（《花儿集》：170）

（4）可数无生命事物名词＋们

①张翼德喝断了当阳桥，子龙的长枪们绕了。（《大全》：145）
②你是肝子妹妹是胆，肝胆们离开是万难。（《花儿集》：154）
③下一次等着哥哥来，鞋袜们一块儿取来。（《大全》：106）
④黄河嘛淌了兰州了，青沙坡，树叶们展开手了。（《大全》：72）

（5）不可数无生命事物名词＋们

①清水们打的磨水磨轮子转，磨口里淌的细面。（《花儿集》：169）
②风不刮来树不摆，露水们草尖上哩。（《花儿集》：170）
③天上的龙多不治个水，地下的清泉们满了。（《大全》：170）

（6）抽象名词＋们

①人伙里挑人着人贵了，尕妹的架子们大了。（《大全》：35）
②婚姻们缠住着走不开，坐下着没心肠起来。（《大全》：17）
③天上的星宿出全了，月亮的光气们压了。（《花儿集》：162）

（7）单数名词＋们

①刘秀十二上走南阳，南阳们好大的地方。（《花儿集》：174）
②孙二娘梁山卖酒哩，武松们要打个店哩。（《大全》：332）

③七月里到了菊花黄，织女们要会个牛郎。（《大全》：362）

——以上是唯一存在对象

④出门在外的没维过人，五辈里挑下的你们。（《大全》：321）

⑤恐怕你爱的有钱人，多早价能爱上我们？（《大全》：174）

——以上是上下文表明的单一对象

河湟花儿的“们”可用于单一的人或事物，如例①的专有名词加复数标记表示整体，意思是“整个南阳好大的地方”。例②③则是表示单一的个体，也可以理解为从外部角度看整体就是单一个体。例④⑤中的“你们”“我们”是上下文表明的单一人物，指“唯一的爱人”，表示“礼貌和尊敬”，是“以尊称表示亲热之意”（《花儿集》，1986：195）。

和普通话相比，河湟花儿中名词的复数标记“们”使用泛化，可以和表示各级生命度事物的名词组合。在河湟花儿中，名词所表示事物的生命度等级从高到低为：“第一人称＞第二人称＞第三人称＞亲属＞指人名词＞动物名词＞无生名词”（杨永龙，2014：241）。

二、动词性形态

动词性形态是用于动词或动词性短语的形态范畴。河湟花儿的动词性形态包括体貌、语态以及式范畴形态。体貌范畴及其形态标记在助词部分进行了描写，本节重点描写语态范畴、式范畴及其标记。

（一）语态范畴及其标记

语态是动词的一种关乎小句整体格局的重要形态，它直接影响动词带多少论元和带什么论元（刘丹青，2008：428）。张安生（2013）认为河湟方言的语态有被动态和使动态，本研究调查发现河湟花儿同样有这两种语态。

1. 被动态

被动态是一种常见的语态，主要用于及物动词。及物动词带上被动标记后，其主语便由受事充当，在及物动词原来的受事类宾语升格为受事主语（被动主语）的同时，原来的施事类主语降格为需要介词等旁格标记介引的旁格成分，或者干脆不出现，从而使动词原有的论元结构发生根本性变化（刘丹青，2008：428）。河湟花儿的被动态，是将动态助词“给”放在动词之后，动词的受事要移序到话题主语的位置，而在语料库的用例中，受事主语后没有加宾格标记“哈”。例如：

①马五阿哥抓给者城里了马五哥被抓到城里去了，大老爷阴子里说通了。（《精选》：141）

②修路不算还出钱，死身子抛给在荒滩尸体被抛在荒滩上。（《大全》：366）

③西门庆死给着武二郎西门庆被武二郎杀死了，潘金莲阴间里告状。（《大全》：332）

例句①②中是“及物动词＋给”构成被动式，例句③中的“死”是不及物动词用如及物动词，后加“给”构成被动式。河湟方言的被动标记还有“的［ti/tɕi］”，如“瓶瓶哈打过的［tɕi］了”；“给”用在动补结构后面，如“张三的腿哈别人打坏给了”（张安生，2013：295）。在本书所用的河湟花儿语料库中没有发现此类用例。

2. 使动态

使动态是表达某实体发生的情状不是自发的，而是受到某种致使主体的作用或影响而引发的。普通话常用使令动词，如“使、叫、让”等，构成致使句，河湟花儿也有这种通过句法和词汇手段构成的分析型致使句，如“不叫你尕妹妹为难”（《大全》：15）、“让尕娃借一根线来”（《大全》：80）。但多数情况下，河湟花儿是使用形态手段或形态和句法手段相结合的方式构成致使句，属于形态型致使。河湟花儿可以在及物动词、不及物动词或形容词后加使动标记“给”构成使动态，并使标记前面的动词、形容词增价，即比原形高出一个配价（张安生，2013：295）。例如：

①三九天炭火哈架旺给，烤火时还品个茶哩。（《集萃》：139）

——不及物动词

②六月里当兵活受罪，火般的天气里晒给。（《大全》：368）

——及物动词

③尕妹哈手抓啦先吃给，先买上她的个喜欢。（《集萃》：60）

——及物动词

④黑大麦熬下的好香酒，不叫个坛坛儿们浅给。（《集萃》：220）

——形容词

⑤尕妹哈心儿里牵挂者歹，好梦哈没办法圆给。（《集萃》：17）

——形容词

例句④中“坛坛儿们”是使令动词“叫”和使动态动词“浅给”共同支配的致使宾语，是用形态和句法两种手段表示使动义。河湟花儿使动态中的主语大多省略，是隐含主语，被致使者由格标记“哈”标记为宾格形式。例③中“吃”是二价动词，使动态“吃给”则在原形的二价基础上增加了新的论元“尕妹”，原有的论元是省略的施事主语和受事宾语“吃的食物”，“吃给”的使动态增加为三价。

河湟花儿还常用使动态表示允让和禁止。下面的例句中前四例是肯定式，表示允让；后两例是对允让的否定，表示禁止。例如：

①白杨树高了高去给，折下个树枝（着）咋哩。

人家们好嘛好去给，伤下个人心着咋哩？（《大全》：294）

②旁人吵时吵给去，我拿的把柄就稳当。（《大全》：48）

③说去给，谁把个名声（哈）顾哩。（《大全》：347）

——以上表示允让

④尕妹好像个清泉水，媻断给，叫它清清个淌者。（《集萃》：188）

⑤我俩的路儿（哈）媻断给。（《大全》：355）

——以上表示禁止

河湟花儿有时使用“V_1 着—V_2”的连接式构成致使，“V_1 着”是“V_2”动作的实现方式（赵绿原，2019：220）。删去表方式的“V_1 着”后，是简单的使动态结构。例如：

尕妹（哈）劝，一句话要说（着）断给一句话都别说让妹妹断了念想。（《大全》：355）

（二）式范畴及其标记

阿尔泰语的动词有式范畴及相应的式标记，“式/形”范畴（即变位系统）是与动词句法功能的实现直接相关的形态变化，主要有陈述式、祈使式、副动词/连接形、动名词/形动形四种（张安生，2016：4）。

动词的陈述式“表示说话人对行为、动作的客观反映”（力提甫·托乎提，2004：197）。蒙古语族语言动词的陈述式“按时间可分为现在时、将来时、过去时”，其差别是通过“接缀附加成分的方式表现出来”（力提甫·托乎提，2004：197）。日语也有陈述式，即通过句末附加成分的形式变化表示现在、过去、将来的时态不同，以及肯定和否定语气。例如：

①わたしは行きます。（肯定）
②わたしは行きません。（否定）
③わたしは行きました。（过去）

河湟花儿中可以确定的动词式范畴是连接式。连接式是连接动词性成分的形态方式，出现在连谓式或复合句的前项，后附连接助词“是（时）、者（着）”等，表示与后项 VP 的各种句法语义关系。

1. 是（时）

河湟花儿中连接助词“是（时）”常用来表示前后项 VP 之间的时间关系、逻辑关系及不同句法语义关系。

（1）表示时间关系

“是（时）”出现在谓词性词语后面，表示主句发生的时间，相当于“……的时候”“……以后”，其具体含义由上下文赋予。表示“……以后”的“是”

字句，动词后常加“了、过”表完成。例如：

①尕妹妹站下是一根葱，坐下是坐下的时候心疼模样可爱。(《集萃》：109)

②你过时过的时候牢，我过时牢哩嘛不牢？(《大全》：1)

③我来了几趟者你没有，打听是打听以后你坐月者哩。(《集萃》：12)

④人前头说的是宽心话，背过是背过身以后把阿哥忘下。(《大全》：147)

(2) 表示逻辑关系

“是”用在状语从句末尾，表示假设、条件、转折、顺承等逻辑关系，相当于起关联作用的“如果、不论、虽然、即使”等。例如：

第一，假设关系。如：

①麦穗儿黄了手不要逗碰触，手逗是麦穗儿淌掉落哩。(《花儿集》：166)

——一致假设

②把这个花儿认不得，认得时当连手伙伴，朋友哩。(《大全》：2)

——一致假设

③打了骂了是不怨怅，说下的话儿上站上。(《花儿集》：175)

——相背假设

第二，条件关系。如：

①我你上舍命者划着哩，有心是有希望哩只要有心就有希望。(《集萃》：69)

——充足条件

③把我的尕妹见一面，杀哩嘛剐哩是情愿不论是杀是剐都情愿。(《大全》：92)

——无条件

第三，转折关系。如：

①说不想你是想你哩嘴上说不想你心里却想你呢，要见面除非是胜了。(《花儿集》：407)

②眼睛不见心不肯，见了是说“亏枉”哩。(《大全》：186)

第四，顺承关系。“是”用在两个动词性词语之间，表示动作进行的先后顺序和承接关系，有时相当于普通话的“就”。例如：

①想起个尕妹是急疯哩想起妹妹就急疯了，几时者到跟前哩。(《花儿集》：436)

②我两人手托手的进阴间，阎王爷瞧见是喜欢阎王爷瞧见就喜欢。(《花儿集》：516)

2. 者（着）

河湟花儿中的连接助词“者（着）”常用在动词或动词性词语之间，构成连谓结构，表示动作先后进行或伴随、动作进行的方式等。例如：

①白龙马出世者游天下，胭脂马还没有下下。(《集萃》：95)

——动作先后进行

②家里嘛外面的瞎气闲气大，我两个商量者走吧。(《集萃》：97)

——动作伴随进行

③天大的名声有我哩，舍命着陪君子哩。(《大全》：8)

——动作的方式

“着（者）”还用于关系复杂的紧缩复句中，表示不同的逻辑关系。例如：

①人家们叫我者我没去，阿哥哈说实话哩。(《集萃》：16)

——表示转折关系

（普：人家叫我但是我没去）

②轻风吹着个雨来了，路滑着我难走了。（《大全》：267）

——表示因果关系

（普：因为路滑我难走了）

“着（者）”用在动词或动宾、主谓等谓词性结构之后，后面加表示情态和结果的补语，相当于普通话的“得”。有时在动词之间用“着个”连接动作和结果，但语料库中用例很少。例如：

①尕妹妹想我者孽障大想我想得太可怜了，阿哥们想你者病下想你想得病了。（《集萃》：94）

②若要我俩的大路断，海炼干，八宝山摇着个动弹八宝山摇得晃动！（《大全》：10）

3. **呵（哈）**

“呵（哈）”可以表假设，相当于“假如……的话”。“呵”在青海一些地区也读“哈”，“花儿”中一般写作“哈”。例如：

新打的镰刀要磨快，磨快哈手割下哩；

新维的花儿要说坏，说坏哈心伤哈哩。（雷汉卿，2015：52）

三、本章小结

河湟花儿体词的格范畴主要有主格、宾格、与格、从格、随格、联格、凭格 7 个小类，其中主格为零形式，宾格标记为“哈/啊”，与格标记有“哈、上、些”，从格标记是“啦”，随联格和凭借格使用相同格标记“俩/啦”。

河湟花儿体词的数范畴使用复数标记“们”，但使用范围比普通话大得多，无生命事物和不可数事物都可以加“们”。“们”也可以表示整体或单一事物，或表示礼貌和尊敬。

河湟花儿的语态有被动态和使动态。被动态使用的被动标记是“给”，“给”放在“及物动词＋结果补语”的动结式之后，动词的受事移序到话题的位置，一般要使用宾格标记“哈”。河湟花儿的使动态通过在及物动词、不及物动词或形容词后加使动标记“给”来构成，这使标记前的动词、形容词增价，即比原形高出一个配价。

河湟花儿的式范畴有连接式，使用“是（时）、者（着）”来连接动词或动词性词语，构成附加成分和中心成分的组合，属于非结束式。“是（时）”出现在动词或动词性词语之后作为附加成分，表示时间关系、逻辑关系，以及句法语义关系。“者（着）”常用在动词或动词性词语之后，表示动作的方式、结果或动作的承接，以及复杂的逻辑关系。

第五章　河湟花儿的句法

河湟花儿的句法由于受到少数民族语言的影响，在句式结构和语序方面都有不同于普通话和其他汉语方言的独特之处。本章将分析河湟花儿的句法成分的基本结构关系、句式和句类特点，以及几种特殊语序。

一、结构关系

河湟花儿的句法成分之间的结构语义关系类型与普通话相近，但在结构方式和语序上有所不同。本书选取主要的结构关系进行分析。

（一）主谓、动宾、述补

1. 主谓关系

主谓短语由表达陈述关系的两个成分组成，主语表示谁或什么，谓语对主语表示的对象进行说明和陈述。例如：

①孔雀‖戏住了牡丹（《大全》：86）

——名‖动宾短语，“戏”是及物动词

②我二人‖对面儿坐下（《大全》：88）

——同位短语‖状中短语，谓语中心“坐”是不及物动词

③尕妹‖是池中的白莲花（《大全》：88）

——主语是当事主语，谓语中心为判断动词“是”

④牛羊儿‖赶着个山顶上（《大全》：6）

——名‖述补短语

⑥关云长‖被困在土山（《大全》：319）

——名‖状中短语

⑦太子山上‖一眼泉（《大全》：72）

——方位短语‖名词性词语

⑧好哩嘛不好‖你斟酌（《大全》：158）

——并列短语‖主谓短语

（1）主语的构成和特点

河湟花儿的主谓结构，充当主语的主要是体词性词语，比如上例中的名词、代词、数量短语、的字短语、方位短语等。少数情况下也有谓词性主语，如例⑥“好哩嘛不好”是形容词性短语。主语的功能类型有施事主语（如例①②）、当事主语（如例③）和受事主语（如例④⑤）。主语的结构方式有以下几个特点。

第一，主语使用主格，是无标记的零形式，河湟花儿里充当主语的名词可以加“哈、嘛、吧”，做话题标记，也可以理解为语助性衬字，兼有衬字和语法词补音补义的双重功能。如“月光哈照在了炕上”（《大全》：170），“帐房嘛搭在高山上”（《大全》：213），“黄牛吧街道里过了”（《花儿集》：90）。主语位置经常出现“们”，造成其泛化程度高的结果，如“睡着的尕妹叫醒来，我去的时候们到了！”（《花儿集》：130）。河湟方言“么”“们”同音，因此常记作“们”，这也是“们”可以出现在各类名词，甚至表示单数事物的名词之后的原因之一。①

第二，受事主语可以不用宾格标记，如例⑤⑥的“牛羊儿”“关云长”。

第三，语序方面，河湟花儿一般主语在谓语之前。在河湟花儿中受民歌体例影响，主语常常省略，如“半天忙来半天闲，半天想你着哩”（《大全》：5）省略了主语“我”，“光面子话儿要说了，隔肚皮把人心见了”（《大全》：9）省略了主语“你”。

① 河湟方言“们”“么”同音而常记作“们”导致其泛化使用的情况由张安生教授指导赐教。

（2）谓语的构成和特点

河湟花儿主谓结构中的谓语大多是动词性的，如例①的“戏”、例②的“坐”等；也有名词性谓语，如例⑦中的“一眼泉”；主谓谓语如例⑧中的“你斟酌”。与阿尔泰语不同，河湟花儿中的形容词更接近动词的性质，可直接充当谓语，阿尔泰语形容词做谓语要加系词。

河湟花儿动词性谓语的结构方式呈现出一定的语言接触的特征。动宾关系的谓语有 OV/VO 两种语序；有汉语典型的连谓结构和动词的连接式结构，有汉语典型的被动句式和动词的被动态，有汉语式的兼语结构和动词的使动态结构。连谓谓语如“你给我说两句话来”（《大全》：215）、“钢刀子拿来头割下”（《大全》：273），连接式谓语如“我俩坐下着喧聊天一天”（《大全》：185），兼语式谓语如“阿哥们不让你撒展跑”（《大全》：256），使动态谓语如“人家们好嘛好去给”（《大全》：294）。

2. 动宾关系

动宾关系一般是指及物动词和它所支配的客体成分之间的关系，动词表达行为动作，宾语表示动作行为支配关涉的对象。但河湟花儿的不及物动词或形容词通过动词的使动态形态手段，也可以用如及物动词支配宾语。更多细节参见第四章“使动态”部分。

河湟花儿的动宾结构有 OV/VO 两种语序，多用“哈”或“啊”标记前置的宾语。如果前置的宾语无标记，则需要根据上下文语境意会，如“我你稀罕喜欢你我爱”（《大全》：170）、“你你的良心放公当，我我的肉身子舍上”（《大全》：68），例如：

①思想我（《大全》：321）

——VO

②免我的罪（《大全》：4）

——VO

③真假哈才知道（《大全》：5）

——OV，“哈”做宾语标记

④汉中的烧酒哈灌上（《大全》：2）

——OV，“哈”做受事宾语标记

⑤你哈给上个果子（《集萃》：15）

——O间宾＋V＋名直宾，双及物结构，“哈”做与事/间接宾语标记

⑥三九天炭火哈架旺给（《集萃》：139）

——OV，致使结构，“哈”做致使宾语标记

动词前的宾语主要是受事、与事、致使宾语等（如上例所示），动词后的宾语有结果宾语、处所宾语等。例如：

①正当中盖一座过厅（《大全》：75）

——结果宾语

②过个兰州（《大全》：370）

——处所宾语

3. 述补关系

述补关系的两个成分是补充关系，述语由动词或形容词等谓词性词语充当，后面的补语一般也由谓词充当，包括动词、形容词、程度副词、数量短语等。例如：

①坐〈下〉（《大全》：50）（动＋趋向动词）

——趋向补语

②你莫把良心坏〈下〉变坏（《花儿集》：167）（动＋趋向动词）

——结果补语

③明天的后晌里我来〈下〉能来（《大全》：130）（动＋趋向动词）

——可能补语

④盘下得〈暖和〉（《大全》：14）（动＋形）

——结果补语

⑤想下得〈很〉(《大全》：262)(动＋副)

——程度补语

⑥开〈几遭几回〉(《大全》：17)(动＋数量短语)

——数量补语

⑦穷着〈走不到前头〉(《大全》：370)(形＋动宾短语)

——情态补语

补语的语义类型包括可能补语、趋向补语、程度补语、情态补语、数量补语等。述补结构标记有“得、者(着)”等。

河湟花儿述补结构的特点有：

第一，可使用结构助词“得”和连接式标记“者(着)”构成，表现出结构方式的混合性特征，既有汉语固有的结构方式，也有接触性结构类型。

第二，用趋向动词做补语，构成趋向补语、结果补语和可能补语。

(二) 连谓、致使

1. 连谓关系

连谓短语由两项或两项以上的谓词性词语组成，其间没有停顿，也没有语气词。河湟花儿的连谓短语有汉语典型的不用关联词语连接的连谓关系，也有用连接式标记“是、着(者)”表示的承接关系，从而体现了河湟花儿语法结构的混合性，既有汉语的传统手段，也有借用的接触性方式。例如：

①钢刀子拿来头割下(《大全》：123)

②醒来着满炕找了(《大全》：267)

连谓关系中前后各项谓词性词语的语义关系有以下几种：

①阎王爷瞧见是喜欢(《大全》：335)

——表先后发生的动作

②掐着指头赶着算（《大全》：374）

——前一动作表示方式

③维人维个叫花子（《大全》：371）

——后一动作是结果

④要断着清清地淌上（《大全》：275）

——从正反两方面说明

⑤疼肠了要下（《大全》：84）

——前后两件事表示因果关系

⑥说话着坐来（《大全》：81）

——后面动作是方式，前面动作是目的

⑦有心上崖去折上来（《大全》：69）

——多个谓词性词语组成的连谓短语

2. 致使关系

河湟花儿的致使关系由多种方式构成：和普通话一样用使令动词“叫、让”等构成；用介词“把”引介处置对象；在动词后加使动标记“给”，表示导致某种结果、促成某种状态，属于“直接致使”（赵绿原，2019：216）；使用词汇性手段和形态性手段构成复合型致使关系，用使令动词，也在动词后加使动标记“给”。前两种结构方式是分析型致使结构，即使用句法和词汇手段表达致使义，语义上表达某人（致使者）使役、命令他人（被致使者）做某事，属于间接致使（赵绿原，2019：216）。例如：

①把我着气生气着让我着急生气（《大全》：64）

②把我丢人着让我丢人（《大全》：57）

③叫个坛坛儿们浅给让坛子浅着（《集萃》：221）

④要断给不要让它断了，表禁止（《大全》：355）

⑤旁人吵时吵给去让他们吵去，表允让（《大全》：48）

以上例句中“叫个坛坛儿们浅给”既有使令动词“叫”，又在“浅”后加了使动态标记“给”，属于句法和形态双重手段的混合和叠加。这是因为河湟花儿使用河湟方言歌唱，作为汉语方言必然带有汉语更多使用句法手段的特点，也受到普通话致使结构特点的影响，同时也是与河湟方言密切接触的阿尔泰语系语言（如蒙古语、土族语等）与之产生融合所致。

（三）偏正、联合

1. 偏正短语

河湟花儿的偏正结构分为定中和状中两种。定中短语由定语和名词性中心语构成，有时用“的”或“着”作为定语标记；状中短语由状语和动词、形容词中心语组成，有时用“地”“着”“个”作为状语标记。例如：

定中短语		状中短语	
（我）的家	（代＋名）	［夜深时］打梆子	（名＋动）
（娘娘）的轿杆	（名＋名）	［详细］着对上/悄悄个走	（形＋动）
（大红）桌子	（形＋名）	［要］上	（副＋动）
（英俊）的少年	（形＋名）	［赶］着算	（动＋动）
（锦绣）着的文章	（形＋名）	［砂子里］澄金	（方位短语＋动）
（刚来）的媳妇	（动＋名）	［往后］看/［胶］俩粘	（介词短语＋动）
（一面）护心镜	（数量＋名）	［一步一步］地往前送	（数量短语＋动）
（尕妹）的疼肠疼爱	（名＋动）	［“哈啷啷”］响	（拟声词＋动）
（尕妹）的稳重	（名＋形）	［能］团圆	（能愿动词＋动）
		［这么价］心疼	（代＋动）
		［蜜般］着甜	（比况短语＋形）
		［这么］多	（代＋形）

定中短语比较特殊的一种情况是中心语由谓词性词语充当，如“疼肠”是动词，但“尕妹的疼肠”有定语标记“的”，总体功能上是体词性的，且独立性较差，如“我少个尕妹的疼肠”（《大全》：123）中“尕妹的疼肠”做宾语。

2. 联合关系

联合短语“由语法地位平等的两项或几项组成”（黄伯荣、廖序东，2017：47），结构内部是联合关系，根据语义可以细分为并列或选择关系。河湟花儿有时用“和、连、带”等连词连接并列的各项，用“哩嘛”或“嘛”连接选择关系的各项。例如：

①大大爸爸妈妈（名＋名，并列）
②靠山儿挨水（动＋动，并列）
③我连和你（代＋代，并列）
④头遍嘛二遍（数量＋数量，选择）
⑤走哩嘛不走（动＋动，选择）
⑥迟哩嘛早哩（形＋形，选择）

二、句式和句类

本节讨论河湟花儿的句式（句型）和句类。句式部分主要讨论河湟花儿有特点的几种句式和复句的句型。句类部分讨论河湟花儿的陈述句、疑问句、祈使句和感叹句。

（一）几种有特点的句式

河湟花儿中的判断句、比较句、“把”字句、“给”字句在结构上很有特点，下面分别进行详尽的分析。

1. 判断句

判断句是由判断词“是”做谓语中心的句子，按照语气分为肯定判断和否定判断。河湟花儿的肯定判断句和普通话一样“甲是乙”。有时会在“是”前加副词“才”或“就”进行强调，否定判断加否定副词“不”。判断句除表示判断，还用于构成比喻。例如：

①西天取经的是唐僧，白龙马驮经者哩。（《大全》：1）
②尕妹是阿哥的护心油，千思万想的难丢。（《大全》：91）
③尕妹是牡丹园中开，阿哥是蜜蜂儿采来。（《大全》：92）

④阿哥不是怕人的人，有一个维你的胆子。（《大全》：94）

⑤说了个笑话脸红下，你不是维人的下家。（《大全》：146）

⑥沙果树上打红檎，打下的才是个李子。（《花儿集》：70）

⑦这一杯薄酒你喝上，你就是尕妹的臂膀。（《大全》：307）

河湟花儿的特殊判断句的格式和用法与河湟方言一致，但与河湟方言相比，本书使用的河湟花儿语料库中的用例相对较少。例如：

①六郎的儿子杨宗保，八贤王的外甥是哩杨宗保是八贤王的外甥。（《花儿集》：235）

②抽梁换柱熙凤的计，哄黛玉，薛宝钗入洞房哩；

你身套身材就是（哈）人不是，人就是，我跟上尕妹着走哩。（《大全》：298）

（普：你身材看上去是黛玉，可并人不是，人就是黛玉的话，我就跟上妹妹走了。）

③你维尕妹的心不是你不是维尕妹的心，心有是打听着找哩。（《大全》：177）

④实心儿维我的人不是（你）不是实心维我的人，心儿里好少的故事。（《大全》：298）

⑤阿哥是怕人的人不是阿哥不是怕人的人，有一个维你的胆子。（《大全》：170）

“甲是乙”表示一般陈述性判断，“甲乙就是”表示断定性的意思（临夏方言调查研究组，1996：204），后者的语气更加确定无疑。肯定判断句的基本格式“甲是乙”属于 VO 型，特殊格式“甲乙是”属于 OV 型。否定判断句有“甲乙不是”“甲是乙＋不是”两种，这两种结构分别来源于“VO 型”和“混合型”语言。“甲是乙＋不是”中的第二个“是”字是判断动词；第一个“是”为“系词性主语标记”①，因为已经语法化成了主语/话题标记，所以前面不能

① 张安生：《甘青河湟方言的判断句》，中国语言学会第十九届学术年会论文，2018（未刊稿）。

出现否定词，由此也可以判断第一个“是”不是判断动词。

2. 比较句

比较句分为等比句和差比句两种，等比句重在表现共性，差比句重在表现差异（王双成，2009：241）。等比句的语序和结构是“A＋连＋B＋一样（＋形）”，除表示比较，也可以用于比喻，结构和用法与普通话无异。例如：

①把你好比穆桂英，我连杨宗保一样。（《精选》：55）

——比较

②哥连尕妹一样高，两个裤管一个腰。（《精选》：29）

——比较

③人连牡丹树一样，心连花椒刺一样。（《精选》：58）

——比喻

差比句的肯定格式是“A＋比（＋个）＋B＋形”“A＋赛过＋B”，否定形式有“A＋比＋不上（得）＋B”“A＋把＋B＋比＋不过”“A＋没有＋B＋形”“A＋不如（像）＋B”“（A＋）形＋不过＋B”五种格式。A是比较对象，B是比较基准，比较动词有“比、不如”，否定形式用“不如、不像、没有”，肯定形式在比较基准后说明比较结果，一般由形容词充当，否定形式除“A＋没有＋B＋形”说明比较结果，大多不出现比较结果。例如：

①远路上维人比火热，见了着亲热坏了。（《大全》：20）

②阿哥走了三个月，清眼泪要比个雨多。（《大全》：22）

③尕妹生下的模样儿俊，赛过个皇上的正宫。（《大全》：20）

——以上是肯定格式

④阿哥的身子比不上你，你是个娘娘嘛太太？（《大全》：53）

⑤苦荞蔓儿把黄药子比不过，黄药子的蔓子们太长。（《精选》：313）

⑥俊不过身材嫩不过手，好不过换给的记首。（《大全》：33）

⑦我走了九州十三省，像你的多，再没有你心里亮的。（《大全》：21）

⑧葡萄碗里的冰糖水，不如个尕妹的涎水。（《大全》：239）

⑨花儿俩唱上个知心话，这劲儿不像着那劲。(《大全》：336)

——以上是否定格式

3. “给”字句

“给”字句、“把”字句都是借助虚词构成的句式，在普通话和河湟花儿中出现频率都很高，但结构和用法迥异。

河湟花儿的“给”有动词、介词（也有文献将动词后的“给”定性为“助动词”）和助词三种用法。第一，“给”做动词，可以充当谓语，能带动态助词“了”，能带宾语、补语，如“给了个宽心丸”(《大全》：301)、“给上个手巾”(《大全》：130)。第二，“给”做介词，与名词或名词性词语组成介宾短语，一般充当状语，如“你去［给我的情人］说”(《大全》：301)。第三，“给”做助词，表被动，如“绵羊的毛哈给剪了”(《集萃》：66)、“走开时她给忘了”(《集萃》：79)。因此，河湟花儿中“给”和“给”字句的使用频率远比普通话高得多。

(1)“给”的结构形式

“给”构成了富有地域特色和研究价值的给予类双及物结构。其结构形式有以下六种。

①S＋给＋O_R（间接宾语）＋给＋O_T（直接宾语），如“你给我给了个宽心丸”(《大全》：301)、“你给我给上个手巾”(《大全》：130)。这两个例句的两个“给”词性不同，前一个是介词，引进间接宾语，后一个是动词，带直接宾语。和普通话的双宾式（S＋V＋O_R＋O_T）不同，河湟花儿常见的给予类双及物结构是“介宾状语式”(王双成，2011：16)。

②（S＋）给＋O_R＋V给＋O_T，如“我给你买给个裤子”(《集萃》：326)、“给我们送给个少年”(《大全》：248)。客体“裤子”“少年”做宾语，与事不做宾语，而由介词“给”引介支配。这种格式和前一种同样是介宾状语式，但动词后附“给”，由“给”赋予或加强动词的给予义。双及物结构中的间接宾语以有定为常，一般指人，“生命度高于指物的直接宾语”(刘丹青，2001：393)。如例句“我给你买给个裤子”中“裤子”是直接宾语，“你”是间接宾语。但“给我们送给个少年”中的直接宾语也是指人的名词“少年”，这是河湟花儿的

不合常规之处。

③S＋O_R＋哈＋给＋O_T，如“我你哈给上个果子我给你个果子”（《集萃》：15）。其中“你”是间接宾语，“果子”是直接宾语，由“哈”标记间接宾语，“给”单独充当谓语动词。再如“你我哈给一句灰心的话你给我一句灰心的话”（《集萃》：22）。

④（S＋）O_R＋哈＋V给＋O_T，如“你我哈撇给个汗褟儿我撇给你件汗衫”（《集萃》：26）。河湟花儿的双及物结构有的间接宾语是由动物或无生命事物的名词来充当，如“白马哈上给的三角绊”（《集萃》：101），间接宾语是“白马”，但生命度仍高于直接宾语“三角绊”。“大路哈让给个你哩”（《集萃》：80）、“吊针哈挂给她不敢动”（《集萃》：101）两例的间接宾语“大路、吊针”都是无生命事物，直接宾语反而是生命度更高的指人代词“你、她”。

⑤（S＋）给＋O_R＋把＋O_T＋V，如“给阿哥把书信写上”（《大全》：20）。这种格式中直接宾语和间接宾语都在动词前面，由介词“把”“给”分别引进。“这是在整个西北地区的汉语方言中较为活跃的句式之一”（王双成，2011：16）。

⑥（S＋）V给＋O_R＋O_T，如“挖给你肝花五脏（雷汉卿，2015：51）是要心哩”（《集萃》：63）。这种格式和普通话完全相同，属于双宾式双及物结构，应当是普通话对方言的影响。

（2）“给”字句

“给”字句可以按照语气分为“祈使式和陈述式”（宋金兰，1990：47）两大类。

①祈使式“给”字句多用“V＋给”结构，“给”后面没有其他成分。参考宋金兰（1990）的研究，本书将其分为表示愿望、命令、允许和疑问的四种类型。

A. 表愿望：表达说话人的愿望或请求。“给”前面可以是动词，也可以是形容词。例如：

①你我哈心疼我你哈爱，花袄袄撇上者带给。（《集萃》：130）

②你秉性好者我心上来，花被的筒筒里睡给。（《集萃》：166）

③黑大麦熬下的好香酒，不叫个坛坛儿们浅给。（《集萃》：221）

B. 表命令：表达说话人的命令，有“V＋给”和“给＋名/代＋动＋O”两种结构，后者语气更强硬。例如：

①多人的伙儿里我难叫，你给我调转个脸来。（《大全》：98）
②四川的米，不叫滚锅里下给。（《集萃》：37）
③少年阿哥唱上来，给老汉开个心来！（《大全》：40）

C. 表允许：表示说话人允许、同意对方做某事，或放任某种情况存在，语气相对柔和。例如：

①人家们好嘛好去给，伤下个人心着咋哩？（《大全》：294）
②旁人吵时吵给去，我拿的把柄就稳当。（《大全》：48）

D. 表疑问：用于询问对方关于某事的意见，或通过对方了解自己关注的某事。例如：

①青铜的壶壶一对儿，开水滚，茶叶哈阿么家下给？（《集萃》：241）
②鸳鸯的身子凑对儿，好者时好，罢的时候阿么家罢给？（《集萃》：241）

②陈述式“给”字句是说话人从自身的角度去陈述某事，它或为说话者所亲身经历，或是亲眼所见，亲耳所闻。可分为一般陈述式和强调陈述式两种情况。（宋金兰，1990：48）

A. 一般陈述式：说话者语气平静缓和，不表达鲜明的个人倾向和主观意愿。“给”后一般加“了”。例如：

a. 动/形＋给（＋了），表示动作完成和状态实现，“给”前面可以是动词，也可以是形容词。例如：

①我俩儿好给了几天儿，早成了活牵连了。(《大全》：14)
②我把你想给了整十年，实实儿想下得可怜。(《大全》：283)
③我把人好，人把我哄忙给了。(《集萃》：240)

b. 动词+给+个。这种句式表示将来时态，语气上表命令、要求、请求等，这里的“个”的意思相当于“一下”，做补语，在日常生活中用例繁多。例如：

①千方百计地遇给个面，空名声，要教个我俩人枉担。(《大全》：356)
②长官们有恩了回给个家，无恩了赏一顿闷棍。(《大全》：18)
③这一回走的个要望想，照你者寻给个顶岗。(《集萃》：82)

B. 强调陈述式：说话人用强调甚至夸张的语气表达比较强烈的感情色彩，共有两种类型。

a. “V+给+了+补（数量/处所/结果）”。这种格式表示动作已经完成，一般是陈述语气，在河湟花儿中比较常见。个别情况表处所的部分会提前，如“心在腔子里化给”(《大全》：201)。“V给”后加结果补语，多表示“施加于”，通过施加某种行为动作使得受事产生某种结果。例如：

①枪子儿落到个花儿上，下马来哭给了两场。(《大全》：11)
②石崖头上清泉儿，淌给了几千年了。(《大全》：14)
③你把我罕稀喜欢我把你爱，一天看给了五趟。(《大全》：67)
④手挽手儿泪涟涟，一句话说给了半天。(《大全》：83)

——以上为时间补语

⑤我俩死了也一处儿走，名望留给（着）后头。(《大全》：50)
⑥布谷鸟落给着干柴上，喊秋着不喊个夏了。(《大全》：236)
⑦兔儿跑给了九架山，它为了尕兔儿了。(《大全》：56)

——以上为处所补语

⑧麦子哈种给者长长了，多会者拔过个草哩？（《集萃》：135）

⑨不知道心腹难搭话，恐害怕惹给着臊下。（《大全》：86）

⑩走给得端来遇给得巧，我俩人有缘法哩。（《大全》：105）

——以上为结果补语

例⑩的“给”意义极其抽象，用法接近助词，相当于傀儡补语，是“给”比较特殊的用法。

b. V+给（+了/个/的）+宾：宾语一般由指物的名词充当，也有“数量+宾”或数量短语充当宾语的情况。宾语前会有虚词“了、个、的、着”等。例如：

①费给了人工几十万，百姓的血汗熬干。（《大全》：392）

②双扇大门桐油漆，红纸贴给的对子。（《大全》：185）

③黑了者走到个店里了，店门上挂给的望子。（《集萃》：222）

④清水啊担给着两桶水，柏木的勺勺儿舀来。（《大全》：85）

河湟花儿中“给”的用法比普通话丰富，“在指人的受事、与事句中，‘给’是一种引入指人对象的标志；在其他句中，‘给’大多泛化为相关补语”（王森，2003：410）。“给”字句的结构和类型也比普通话丰富，在很多方面都存在差异。

首先，普通话中的“给”与前面的动词是组合关系，是“V+给”，而河湟花儿中的“给”与前面的动词是黏合关系，是“V 给”。

其次，普通话的“V+给”，包含动词和“给”所代表的两个动作，而河湟花儿中的“V 给”结构只有动词表示实质性的动作，“给”只是动词后面的后附成分，表示抽象的“给予”或“施加”义，可以看成是动词“给”“在语法化过程中的一个过渡阶段”（程林，2010：93）。

最后，普通话的很多动词不能出现在“给”后面，河湟花儿中很多动词都可以在“给”前面出现，有单音节动词也有双音节动词，如“下给、淌给、裹给、坐给、害给、放给、折给、看给、挂给、捞给、长给、照给、哄忙给、消停给”等，甚至可以出现在某些形容词之后，如“好给、浅给”。

4. “把”字句

“把”字句是指在谓语中心词前头用介词“把”或“将”组成介词短语做状语的一种主谓句，意义上多数表示对事物加以处置，亦称处置句（黄伯荣、廖序东，2017：91）。根据王双成（2012）和安丽卿（2007）对“把”字句的分析，本书从语义出发将“把”字句分为以下几类。

（1）处置式“把”字句

处置式“把”字句在河湟花儿中很常见，格式是“S（施事）＋把＋O（受事）＋V”。河湟花儿“把”字句和普通话的用法结构一样，具备普通话“把”字句四方面的要求：“表处置；施事和受事成分全部出现；受事宾语须是有定、确指的信息；动词后要有补足的成分”（安丽卿，2022：77）。处置式“把”字句的动词动作性强，强调动作结果或行为方式。例如：

①牛羊儿赶着个山顶上，口儿把少年漫上。（《大全》：6）
②我口儿里不说心儿里想：把实心的丢在个路上。（《精选》：139）
③妹妹把绝情的话说了，泪多者再忍不住了。（《精选》：174）

在表示愿望或命令的祈使句中，有时施事主语并不出现，但主语跟宾语间的施受关系依然存在。例如：

①卓尼杨家拔兵哩，把炒面装到个皮袋。（《大全》：279）
——命令
②一个人走路时日子长，再走时把姊妹领上。（《大全》：109）
——愿望

河湟花儿的“把”字句常常为适应歌词格律的要求和情歌对唱的语境，动词后不出现补语或语气词，且动词为单音节。“把”后有时加“个”，表示宾语所代表的受事是无定的。例如：

①满把满把地摘金花，刺玫花把我的手扎。（《大全》：210）

②手拉手儿地叫哥哥，你把你心里的话说。（《大全》：214）

③颇烦了你把个花儿唱，清眼泪落在个纸上。（《大全》：184）

有时会在受事后加上宾语标记“哈”，或搭配“给”使用，属于复合标记的处置式。例如：

①手搭着腔子上你思想，谁好了把谁哈要上。（《大全》：7）

——突出受事

②尕妹妹站下是一炷香，阿哥们把项链给戴上。（《精选》：97）

——加强处置义

③你图快活我挨打，你给我把实话说下。（《大全》：301）

——加强祈使义

④我把你想给了整十年，实实儿想下得可怜。（《大全》：283）

——加强致使义

普通话的处置式除了可以用介词“把”，还用“将”提前宾语，但河湟花儿没有“将”字句。

（2）致使义“把”字句

河湟花儿的致使义“把”字句格式为“S＋把＋O（施事/当事）＋V”。与处置义“把”字句不同，致使义“把”字句的“把”相当于“让、叫、使”，宾语一般是施事或当事。句子通常表示主语使“把”字宾语发生某种变化，或是处于某种状态，因此谓语可以是动词，也可以是形容词。“‘把’字宾语和后面的V具有逻辑上的主谓关系”（安丽卿，2022：79）。介词“把”只是引进致使对象，致使义是由句式结构体现的。例如：

①一铁锹铲断我俩的路，谁把个良心哈坏了？（《大全》：18）

②这一趟回去再要来，你把我丢人着够了。（《大全》：57）

③我对你没说个伤心话，你把我着气生气着为啥？（《大全》：64）

④蚕吃桑叶着把身死，蒸锅里蒸，辘辘上纺成线了。（《大全》：72）

这类“把”字句的宾语多是施事，一般由指人的名词或代词充当，如例句中的“良心、我”，“把身死”的“身”则是当事宾语。致使义“把”字句的谓语中心大多是非行为动词，包括不及物动词、心理动词，甚至形容词（安丽卿，2022：79），例句中“坏”是形容词，“丢人、着气”是心理动词，“死”是不及物动词。所以该类“把”字句处置性意味很弱，“其语义同使役动词构成的兼语式更为接近”（安丽卿，2022：79）。

致使义“把”字句中还有种较为特殊的类别：没有主语，且无从补出；谓语部分表达的是陈述者不如意、不幸或不期望的遭遇。也有的学者把这类“把”字句单独归为“遭受义”，本书视为特殊的致使义“把”字句。例如：

①把我的花儿不见了，香山寺又许了愿了。（《大全》：82）

②白费了心思把鞋磨烂，尕妹的心，就像是钢刀的刃子。（《大全》：111）

③远路上维人是枉然，把好人忧累成病汉。（《大全》：125）

④吐不吐来咽不咽，把阿哥给下的为难给阿哥设置了为难的处境。（《大全》：180）

（3）感知义“把”字句

河湟花儿的感知义“把”字句格式为“S（施事）＋把＋O（对象）＋V”，动词一般是表示心理活动或感知意义的“疼、想、爱”或“见、懂、认”等，表达对“把”字宾语的感受或认知。例如：

①我把花儿姑娘十分疼，你疼三分着肯哩。（《大全》：192）

②我把你想的到命上，你心里没牵到我上。（《大全》：80）

③你把我罕稀喜欢我把你爱，一天三回价看来。（《大全》：230）

④把这个花儿认不得，认得是当连手伙伴，朋友哩。（《大全》：75）

⑤肝花五脏想烂哩，把哥哥啥时候见哩。（《大全》：80）

(4) 对待义“把”字句

对待义“把”字句的格式为“S(施事)+把+O(受事)+V”,句式一般表达疑问或描述态度。“把”相当于普通话的“对”;“把”字的宾语往往是指人的名词或代词,表示主语所涉及的对象;谓语多为形容词或疑问代词,有时也会出现动词。例如:

①我把人好,人把我哄忙给了。(《集萃》:324)

②手搭个腔子你思量,我把你不好着咋了?(《大全》:160)

③你是少年的尕师傅,我把你还不信服。(《大全》:180)

④吐不吐来咽不咽,把阿哥给下的为难。(《大全》:180)

⑤你说我把你没牵连,牵连着身上的肉颤。(《大全》:188)

(5) 认定义“把”字句

认定义“把”字句是由“S+把+O+V+N”,其中V是认定义动词,多为“当、认成、看成”或比喻词“好比、好像”等。例如:

①你把我要当憨娃娃,我在个墙头上跑马。(《大全》:9)

②三日三夜把眼哭坏,把核桃认成了枣儿。(《大全》:97)

③想你者把眼睛望麻了,把外旁人看成个你了。(《精选》:238)

④把花儿好比江里的浪,喝不上,把哥哥渴死在江沿上了。(《大全》:64)

(6) 强调义“把”字句

强调义“把”字句的“把”起强调语义的作用,去掉后整体语义不变。例如:

①若不为你,把这个人还活啥哩!(《大全》:124)

②把我俩不是一娘生,你走时我把你想哩。(《集萃》:14)

③把阿哥不要你死掉，阳世上人多着哩。（《大全》：160）

——以上强调主语

有的“把”只是提宾标记，使用“把”字句是为了突出动作对象或符合唱词格律的要求。例如：

①你把我陪着牙跌掉，我把你陪到个土里。（《大全》：21）

②上山的老虎把山下，天黑了竹林里卧下。（《大全》：79）

——以上强调宾语

（7）特殊“把”字句

河湟花儿“把”字句可用于表示比较，句式结构为“S＋把＋O＋比＋不过”，介词“把”引介比较基准，搭配比较动词“比”，再加上比较结果“不过”。本书所用河湟花儿语料库只检索到一个用例。例如：

苦荞蔓儿把黄药子比不过，黄药子的蔓子们太长。（《精选》：313）

在河湟花儿中，有些“把”字句的施事和受事是同一个对象，由同一个词语充当，多是代词，常表示不确指的对象。例如：

①尕妹是牡丹园中长，摘不到手，自己把自己怨怅。（《大全》：280）

②手压胸膛你个家想，谁把个谁埋怨哩？（《大全》：301）

③一家把一家遇不上，一思想，咋走个往前的路哩？（《大全》：265）

河湟方言中还有“主观评议类”（安丽卿，2022：80）“把”字句，格式为“把＋O＋VP”，主语不出现，V 通常为动宾短语、动补短语或形容词性短语。其对前面的名词进行主观性评价，多带有轻蔑、不满的否定态度，如“把你能者你能得很啊”“把你是个啥着你以为你是谁啊”（安丽卿，2022：80）。无动词的“S＋把＋O”更为特殊，句中没有谓语动词，O 多为定中短语，如“把你这个不胎孩不争气的孩子”“把你这个贼怂”（杨静，2015：150）。祈使义“把”字句只用于日常口语，结构为“你＋把＋你＋V”，动词没有后附成分，表示说话人将要做什么，向听话人提出请求和商量，但听话人继续现在的动作，祈使语气比较强。如“你把你吃你吃你的”“你把你睡去你去睡你的”（王双成，2012：470）。但以上三种类型的“把”字句现有河湟花儿语料库没有用例，这也许和以上三种句式口语性较强、更适用于口语语境的特点有关。

（二）复句

河湟花儿的复句和普通话一样可以分为联合复句与偏正复句两大类。联合复句包括并列、顺承、选择、递进四种类型；偏正复句包括条件、假设、因果、目的、转折五种类型。分句间可以使用关联词语，也可以用意合法。由于格律的要求，河湟花儿的唱词每句字数有限，整体篇幅较短，复句一般结构比较简单，多为一重复句，关联词语的使用也比普通话少一些。在结构和用法上，和普通话区别不大，个别关联词语有所不同。

1. 联合复句

（1）并列复句

①山里高不过凤凰山，川儿里美不过草原。（《大全》：1）

——平列

②远看尕妹是黄金莲，近看尕妹是牡丹。（《大全》：24）

——对举

（2）顺承复句

①一更里到了进房门，身坐了花篮儿椅了。（《大全》：98）

——时间顺序

②笔墨和砚台都放下，对天着把婚书写下。（《大全》：6）

——逻辑顺序

③上去西宁下碾伯，路过了平安驿了。(《大全》：200)

——空间顺序

(3) 选择复句

①宁教皇上的江山乱，要叫我俩的路断！(《大全》：27)

——已定选择

②宁叫人头着挂高杆，决不叫我俩的路断。(《大全》：233)

——已定选择

(4) 递进复句

①莫说是小姊妹拾垛收拾，打扮的干，还说是阿哥们硬缠。(《花儿集》：299)

——衬托递进

②大佛爷伸手摸观音，何况我俩是凡人。(《大全》：296)

——衬托递进

③娃娃不引门不关，油缸跌倒也不管。(《精选》：1)

——一般递进

2. 偏正复句

(1) 转折复句

①我俩虽不是一娘养，谁也没想过二心。(《大全》：19)

②有心了没在吃穿上，但维个心好嘛意长。(《大全》：41)

③摘给阿哥是好——光但是（原文注）长者树尖上了。(《花儿集》：12)

（2）条件复句

①只要你覅嫌我光阴穷，我一心要跟你走哩。（《大全》：318）

——充足条件

②除非是海干石头烂，我俩的情断是万难。（《大全》：224）

——必要条件

③我心里没有闪你的意，不管你胡想嘛乱猜。（《大全》：80）

——无条件

（3）假设复句

①要是半路上谁变心，肉身子烂化在炕上。（《大全》：39）

——一致假设

②纵然把我的大筋挑，好花儿离不开了。（《大全》：28）

——相悖假设

（4）因果复句

①我连好花儿表心愿，因此上换了个记首。（《大全》：29）

——说明

②不是我连你罢下的早，就因为说下的话牢。（《大全》：37）

——说明

③已汪既然地来了者浪两天，去了者再来时路远。（《集萃》：59）

——推论

（5）目的复句

①哥哥的肚子哈亭豁开，真心嘛假心是看来。（《大全》：87）

——求得

②尕脸儿一红者吃醋哩，为的是，我连别人把话哈说哩。（《大全》：196）

——求免

3. **紧缩句**

河湟花儿由于格律的限制，常用紧缩句表达复杂的语义和逻辑关系。复句紧缩后分句间没有停顿，更加紧凑，一般结构简单的一重复句常压缩成紧缩句。例如：

①做蜜只有养花好，甘蔗再甜比不了。（《精选》：55）

——让步关系

②没有面子就走开，赢官司凭的是钱财。（《大全》：38）

——假设关系

（三）句类

句子根据语气可以分为陈述句、疑问句、祈使句、感叹句四种类型。每种句类语气不同，使用的语气词也不同。

1. **陈述句**

陈述句是指“叙述或说明事实、带有陈述语气的句子”（黄伯荣、廖序东，2017：101）。河湟花儿中的陈述句常带的语气词有“了、的、了着、嘛、着呢、呢、哩”。

“的”表示“本来确实如此”（临夏方言，1996：192），出现的频率比普通话低得多。例如：

怀抱长钱手抓旗。就是为儿女者许下的！（《花儿集》：147）

“了、了着、嘛、哩、着（者）呢”所表示的意义和用法如下例所示：

①一对儿眼睛望麻了，麻秆儿瞅成个树了。(《大全》：195)

②日子多了着我没忘，你把阿哥哈忘了。(《大全》：38)

③白杨树高嘛没顶过天，天大着没遮住太阳。(《大全》：237)

④我的心上气糊涂，把崖还当路者呢。(《精选》：58)

⑤白马要走麻子川，要走麻子平川哩。(《精选》：58)

“了”表示新情况出现，和普通话用法相同。“了着”多用在紧缩复句中间，表示动作完成或状态实现，用以连接先后出现的情况。“嘛”多用在唱词的首顿或末顿，主要用于补足音节。“着呢”表示对某种情况的确认，有时也记作“者呢”。

2. 疑问句

河湟花儿和普通话一样可以分为是非问、特指问、选择问和正反问四类。

(1) 是非问

河湟花儿是非问用例极少，也没有相应使用在句末的语气词“啦、吗、吧”等。这与花儿的体裁有一定关系，问答形式相对日常对话要少得多，即便有问答形式的对唱也多以特指问、选择问居多，答案大多不是简单的“是”或“不是”。语料库只找到一例是非问：

乌鸦要吃馍馍哩！教吃哩吗？(《花儿集》：14)

(2) 特指问

河湟花儿的特指问数量较多，使用的疑问代词有“咋、啥、什么、阿么、谁、多早、哪、阿达些、哪达儿、几”等。例如：

①肝花悔了着心没悔，心悔时咋这么想哩？(《大全》：191)

②我离了你，糊涂着再阿么哩？(《大全》：225)

③前没有站口后没有店，天黑时哪达儿坐哩？(《大全》：396)

(3) 选择问

河湟花儿的选择问是比较有特点的，一般用语气词“哩嘛”构成“A 哩嘛 B（哩）”或“A 嘛 B（哩）”的结构，连接可供选择的事项。语气词“嘛”也作“么”，但“吗”才是独立表示疑问语气的语气词（张安生，2006：326—327）。例如：

①话还没说，你说是走哩嘛坐下？（《大全》：90）

——A 哩嘛 B

②今天尕妹俩遇一遭，再遇时迟哩嘛早哩？（《大全》：133）

——A 哩嘛 B 哩

③叫了三声的声没给，你是个官长嘛秀才？（《大全》：238）

——A 嘛 B

④曹操逼宫着杀娘娘，立逼地马腾嘛反哩。（《大全》：322）

——A 嘛 B 哩

⑤绿枝叶好么吊枝叶好？（《精选》：96）

——A 么 B

(4) 正反问

河湟花儿的正反问和选择问有相似之处，区别在于不同选项的并列和正反两项的并列。正反问有三种类型：A＋哩嘛/嘛＋不 A（＋哩）；A＋么＋A＋呢；A＋了没，省去后项动词。三种类型中第一种使用频率最高，第二种类型句末加语气词“呢”，但用例不多，第三种在结构上和普通话一致，但在现有语料库只有一例。例如：

①长秆秆麦子双穗儿，雨点儿打，风吹者摆哩么不摆？（《精选》：94）

②阿哥没有个媳妇儿，你看是难嘛不难？（《大全》：220）

③临著大门是三道岭，那一道岭上么上呢？（《花儿集》：69）

④你实心，哥哥们豁住来了呀！尕阿姐嬲 niǎo 纠缠了没？（《花儿集》：80）

疑问句根据问答的形式，分为有疑而问和无疑而问两种情况。以上所列的是非问、特指问、选择问、正反问都是有疑而问，无疑而问又有设问和反问。设问是自问自答，如“阿么了？尕心里做下个病了”（《大全》：236）、“绿枝叶好么吊枝叶好？绿枝叶好；吊枝叶叫人折坏了。前二年好么这二年好？前二年好；这二年教人挑坏了”（《大全》：236）。反问句是用疑问的形式表达强烈的肯定或否定语气，无须回答，如“到处找不到尕肉肉，莫非是叫狼吃了！”（《大全》：96）、“阳世上谁不恋五荤？”（《大全》：346）、“他要账还能到口外？”（《大全》：371）

3. 祈使句

祈使句“要求对方做或不做某事、具有祈使语气”（黄伯荣、廖序东，2017：105），分为“命令请求”和“禁止劝阻”两类。

河湟花儿中命令请求类的祈使句表达对他人的支使或要求。表达命令，语气强硬，有时用感叹号；表达请求，语气相对柔和，会用语气词“吧”帮助表示比较和缓的语气。例如：

①多人的伙儿里我难叫，你给我调转个脸来。（《大全》：98）

②说去给，谁把个名声（哈）顾哩。（《大全》：347）

③我悔了心，你跟上好的了走吧！（《大全》：234）

——以上表示命令

④快快儿抓住个狗铁绳，你阿哥我在个房上。（《大全》：287）

⑤馍馍不吃茶不喝，快把你心上的话说。（《大全》：287）

⑥折不上，唱一个少年了走吧。（《大全》：2）

——以上表示请求

禁止劝阻类祈使句多用“别、不用、不要、覅”等，“花儿”中表达禁止的祈使句相对表达劝阻的祈使句语气更强硬，但不像普通话区别那么鲜明清晰，没有“禁止、不得”等字眼。例如：

①有啥事情桌面上说，千万别这么哄我。(《集萃》：113)
②名声（哈）顾，随便儿面嫑见了。(《大全》：347)
③墙头上长下金莲花，它没开，你不要伸手摘它。(《大全》：51)
④马五阿哥你不用忙，河州的城里告一状。(《花儿集》：47)

4. **感叹句**

感叹句具有强烈的感叹语气，表达浓厚的情感。有的感叹句句末会用语气词“哩、呀”。例如：

①你实心，哥哥们豁住来了呀！(《花儿集》：81)
②宁教皇上的江山乱，嫑叫我俩的路断！(《大全》：22)
③瘸里拐里回家去，不死时还和你闹哩！(《大全》：41)
④吃烟的阿哥们往前看，鬼门关不远了！(《花儿集》：116)

三、特殊语序

河湟花儿句法方面的特点还体现在语序的不同。不同类型的语言、方言的语序有所不同，当代语言类型学就将语序作为研究的中心课题，其中最受关注的就是关于动宾关系的语序。河湟花儿的特殊语序还表现在差比式、判断式和双及物结构等句式中，状语的次序也不同于普通话。

（一）动宾关系的语序

世界上的语言核心成分主动宾之间可能存在的语序共有 SVO、SOV、VSO、VOS、OVS、OSV 六种类型。事实上，VOS、OSV 和 OVS 根本不发生或极为少见，它们的共同点是宾语处于主语之前（Jose h H. Greenberg，陆丙甫，陆致极译，1984：46）。另外三种当中 OSV 十分罕见，而“主语居前又满足动宾结构完整性的 SOV 和 SVO 占绝大部分”（王全华，2019：11）。汉语的语序主要是 SVO 型，但河湟方言却常出现 SOV 型语序，呈现出和普通话及其他方言完全不同的语序特征。SOV 型语序在河湟花儿中也很常见，例如：

①清茶不喝了奶茶喝，渴死是凉水莫喝。（《花儿集》：271）

②霸陵桥饯行的是曹操，老爷的刀，降红袍刀尖上挑了。（《大全》：14）

③我你哈饶，老天爷饶哩嘛不饶？（《大全》：1）

④风吹草动的嫑害怕，我你的身子哈护下。（《大全》：317）

以上例句的宾语为受事，由代词、名词或名词性词语充当，是最常见的宾语前置类型。其中前三例宾语前置没有任何标记，需要根据上下文语义和结构进行判断，后两例在宾语后面有“哈”做宾语标记，宾语的身份更明确，便于理解。此外，还有表示处所或命题的宾语前置，以及动词“有”“没有”的宾语前置。例如：

①阿哥是行客者就走哩，几时家回来者见哩？（《花儿集》：501）

——处所

②洗过了看，真假哈才知道哩。（《大全》：5）

——命题

③穷阿哥丢你的心没有，你丢了我，照你者寻下个顶钢替身，多作“顶杠、顶缸”。（《花儿集》：500）

在否定句中，宾语前置更常见，有时受事宾语还会出现在主语之前，排列成“受事＋主语＋动词”的形式。例如：

①黄毛丫头牛嫑吹，少年是谁留下的？（《大全》：342）

②过掉的事情（哈）嫑计较，都原谅，以前的过错（哈）忘掉。（《大全》：351）

③青秧白菜我不吃，我吃时青油俩拌哩。（《大全》：342）

（二）双及物结构的语序

前文“句式”部分分析了河湟花儿双及物结构的句式特点，其结构形式共有六种：①S＋给＋O_R＋给＋O_T；②S＋给＋O_R＋V 给＋O_T；③S＋O_R＋哈＋给＋O_T；④（S＋）O_R＋哈＋V 给＋O_T；⑤（S＋）给＋O_R＋把＋O_T＋V；⑥（S＋）V 给＋O_R＋O_T。

六种句式结构可以合并为四种类型：①②为 A 型，③④为 B 型，⑤为 C 型，⑥为 D 型。除 D 型和普通话一样是直接宾语、间接宾语都在动词之后，A、B 类型的双及物结构都是间接宾语在动词前面，直接宾语在动词之后，两个宾语分列动词两边，即“客体做宾语而与事做间接格”。刘丹青（2003）认为这反映了“客体与动词的关系紧密度超过与事与动词的关系紧密度”。C 型则用介词“给”引进间接宾语，“把”引进直接宾语，两个宾语都在动词之前。B 型双及物结构用“哈”标记间接宾语，以区别于直接宾语，是遵循“可别度原则”，可以看作是“与不同语言接触的过程中语序类型转换的中间模式”（王双成，2011：18）。也就是说，原本应该是“V＋O_R＋O_T”的语序，由于受到 SOV 型语言的影响而动词后移，间接宾语前置。

河湟方言中还有“（S＋）O_R＋哈＋O_T＋V”的格式，和藏语、土族语、日语等 SOV 型语言的特征一致，都是直接宾语零标记，间接宾语用后置词标记。但本书所用的河湟花儿语料库没有检索到此类用例。

（三）判断式的语序

河湟花儿的常规判断句由判断词“是”做谓语中心，和普通话的语序一样都是“甲是/不是乙”。例如，“我维的少年是人尖子”（《大全》：11），“阿哥们不是个吃粮人”（《大全》：18）。

河湟花儿特殊判断句的语序和普通话区别较大，肯定判断句是“S＋N 是”，否定判断句是“S 是＋N 不是”。例如：

OV 型：（杨宗保）八贤王的外甥是哩。（《花儿集》：235）普：杨宗保是八贤王的外甥。

VO 型：我维的少年是人尖子。（《大全》：11）普：我交往的少年是人尖子。

OV 型：你维尕妹的心不是。（《大全》：177）普：你不是维尕妹的心。

VO 型：阿哥们不是个吃粮人。（《大全》：18）普：阿哥不是吃官粮的人。

混合型：阿哥是怕人的人不是。（《大全》：170）普：阿哥不是怕人的人。

汉语是 VO 型语言，判断句的基本句型“系词＋判定语”。河湟花儿的判断句有 OV 型，句型格式为“判定语＋是/不是”；混合型是指受到 OV 型语言影响的判断句，句型格式为“是＋判定语＋不是”，其中第一个“是”和“VO 型中的‘是’句法位置相同，是汉语‘系词＋判定语’的一般语法形式，后面的‘不是’则可能受到 OV 型语言的影响”（敏春芳、雷雨，2016：352）。对河湟花儿产生密切影响的 OV 型黏着语主要是阿尔泰语系的蒙古语，东乡语、保安语、土族语也属于蒙古语族。具体的接触影响在第六章详细分析讨论。

（四）差比式的语序

河湟花儿的差比句的肯定形式有两种：“X＋比（＋个）＋Y＋形”，如“清眼泪要比个雨多”（《大全》：20）；“X＋赛＋过＋Y”，如“尕妹赛过个穆桂英”（《大全》：20）。两种格式都与普通话语序一样，都是“X（比较对象）＋V（比较动词）＋Y（比较基准）＋A（比较结果）”，比较动词是“比”“赛过”，比动式的比较基准后说明比较结果，一般由形容词充当，都没有使用比较标记（下文用 M 表示）。

河湟花儿差比句的否定形式有五种格式：

①X＋比＋不上＋Y，如“灯盏花比不上玫瑰花俊”（《集萃》：115）。

②X＋把＋Y＋比＋不过，如“苦荠蔓儿把黄药子比不过”（《精选》：313）。

③X＋没有＋Y＋形，如“胳膊没有指头儿壮”（《大全》：390）。

④X＋不如/像＋Y，如“大石头跟里的清净水，不如个大河的浑水”（《大全》：239）。

⑤（X＋）形＋不过＋Y，如“圆不过月亮方不过斗，十二省好不过肃州”（《大全》：9）。

比较动词有“比、如/像”，否定形式用“比不上、比不过、不如、不像、没有”，否定形式除“X＋没有＋Y＋形”说明比较结果，大多不出现比较结果。其中格式①③④的语序与普通话一致，都是X＋V＋Y（＋A）。格式②⑤与普通话不同，格式②的语序是X＋M—Y＋V，比较对象和比较基准都在比较动词之前，这也是唯一一个在河湟花儿差比式中使用比较标记的格式。但与河湟方言中的差比式大量使用后置词标记不同，河湟花儿差比句的比较标记是前置词“把”。格式⑤的语序是X＋A＋V＋Y，最大的不同是比较结果在比较动词之前，普通话较少使用这种格式表达比较。

（五）状中关系的语序

河湟花儿中充当状语的有副词、能愿动词、时间处所名词等，在语序排列上和普通话存在明显差别。

河湟花儿中的否定词“不、要”做状语和普通话语序不同，总是其他修饰限定的词语在前，否定词在后；普通话则是否定词在前，其他修饰词在后。例如：

①我担名声你维人，没礼行，悄悄儿不叫你罢下。（《大全》：300）

②尕妹说了悔心话，悔心是再不想了。（《大全》：302）

③你把我米汤俩要灌了，隔肚皮把人心见了。（《大全》：239）

④光面子话儿再要说了，隔肚皮人心儿见了。（《大全》：293）

⑤庄稼活忙了（哈）多要来。（《大全》：355）

⑥妈妈妈妈你胡要讲，马五阿哥是好心肠。（《精选》：140）

以上例句中，当否定词“不、要”和其他修饰词同时出现时，都放在其他修饰词后。这些修饰词包括最常见的副词“再”、表工具的介词短语“米汤俩”、部分表性质状态的形容词“多、硬、胡、悄悄儿”等。

四、本章小结

河湟花儿的短语和句式在结构方式和语序方面同普通话及其他方言存在明

显差异。宾语前置是河湟花儿句式和语序方面的突出特点之一，有的宾语前置只是宾语置于动词之前，有的在前置的宾语后加宾格标记“哈、啊”。双及物结构的语序不同于普通话中直接宾语和间接宾语都在动词之后，常见语序是直接宾语在动词之前，间接宾语在动词之后，还有两个宾语都在动词之前的情况。

河湟花儿的判断句有常规类型“A 是/不是 B”，也有特殊类型“AB 是/不是”和混合型“A 是 B 不是”。常规类型符合 VO 型语言的特点，特殊类型和混合型则体现了 OV 型语言的语序特点，是河湟方言与 OV 型少数民族语言接触融合的体现。

河湟花儿的差比句与河湟方言相比，结构类型相对少一些，特点没有那么突出，但在结构和语序上仍然表现出特别之处。其中，X＋M—Y＋V 格式使用了比较标记“把”，并且比较对象和比较基准都在比较动词之前；X＋A＋V＋Y 的比较结果在比较动词之前。

河湟花儿用“给”构成双及物结构和祈使式；用“把”构成处置义、致使义、认定义、对待义等多种类型的“把”字句。

河湟花儿的句类陈述句多用“哩”煞尾，疑问句中的选择问和正反问使用“A 哩嘛/嘛/么 B（哩）”的句式。

第六章　河湟花儿的接触性语法特征

河湟花儿的唱词文本表现出不同于普通话和其他汉语方言的语法特征，是因为河湟方言分布于多民族聚居地区，多种语言之间存在着密切的接触与融合，尤其受到阿尔泰语系语言的影响，从而表现出独特的区域特征。语言接触本质上就是语言学习，语言接触最常见的结果是词汇的互相借用，也会造成语音或语法成分的互相渗透，使得语言中出现一些异源性特征。河湟花儿与河湟方言所体现出的接触性语法特征在总体一致的基础上，也有一些差异。本章在总结河湟方言接触性语法特征的基础上，将河湟花儿与之对比，以求更深入细致地了解河湟花儿的接触性语法特征及其形成根源。

一、河湟方言接触性语法特征概述

河湟方言的接触性语法特征是近年来颇受关注的研究课题，本部分内容主要以归纳概括现有研究成果为主。

（一）河湟方言的分布及语法区划

河湟，亦作“河隍”，得名于流经当地的黄河与湟水。河湟地区主要指“三河间地区”，即“中国西部甘肃青海两省交界处的黄河及其支流湟水河、大通河流域，包括甘肃的临夏回族自治州、甘南藏族自治州，青海的海东市、西宁市、黄南藏族自治州、海南藏族自治州沿河区域”（杨永龙，2022：792）。河湟地区的方言称为甘青河湟方言或河湟方言，从方言分区看属中原官话秦陇片和陇中片（张安生，2013：291）。

根据语法特点的差异，如格助词和表假设、条件关系的连接助词的使用差异，可将河湟方言分为河州片和青海片（张安生，2013：292）。河州是甘肃临夏的古称，河州片包括今临夏州的临夏市、临夏县、积石山县、广河县、和政县、康乐县、永靖县，甘南州的夏河以及青海的同仁、循化。其中，东乡族自治县的东乡语属于阿尔泰语系蒙古语族东蒙古语支，积石山保安族的保安语属于阿尔泰语系蒙古语族东蒙古语支，撒拉语属于阿尔泰语系突厥语族乌古斯语支。

青海片包括青海东、北部各点（同仁、循化除外）：西宁市、湟中县、湟源县、大通回族土族自治县、平安区、乐都区、化隆回族自治县、民和回族土族自治县、互助土族自治县、贵德县、祁连县、门源回族自治县、共和县、乌兰县（张安生，2013：292）。

（二）河湟方言主要的接触性语法特征

甘青河湟地区有汉、回、土、藏、蒙古、撒拉、保安等多个民族交错杂处而居，其中除汉、回使用汉语外，其他少数民族都使用本民族语言。因此，河湟地区并存着汉藏语系的汉语和安多藏语，也有阿尔泰语系蒙古语族的蒙古语、东乡语、保安语、土族语，还有阿尔泰语系突厥语族的撒拉语（敏春芳，2022：533）。各种语言虽无亲属关系，但在长期共处的过程中密切接触，逐渐渗透，相互融合，因而河湟方言呈现出显著的接触性特征。

语言接触是语言演变最重要的外部动因，也是形成河湟方言独特区域性特征的主要原因。河湟方言的接触性语言特征的产生机制既有“借用”，也有“转用干扰”。词汇方面主要是借用，如借自阿拉伯语的“阿訇、塞拜卜”等；语法方面主要是转用干扰，如 SOV 语序、格标记、引语标记等。通过深度借用和转用干扰把藏语和阿尔泰语的共享特征带到了与之接触的河湟汉语之中，形成河湟话的混合性特征，所以河湟方言是具有混合语特征的汉语方言（杨永龙，2019：16）。河湟方言的接触性语法特征主要表现在语序、形态和某些词语的语法化三个方面。

1. 结构和语序的接触性语法特征

（1）SOV 语序

甘青河湟方言 OV 和 VO 两种语序并存，但以 OV 语序为基本结构形式，宾语可直接前置在动词之前，有时会加格助词“哈/啊”标记前置的宾语，这同阿尔泰语系的撒拉语、土族语和蒙古语等的句子结构形式基本相同。河湟方言的双及物结构中的间接宾语也常常带有标记，与阿尔泰语系的民族语，如藏语的 la，土族语和保安语的 də，撒拉语的 ge、nə 等结构形式一致。

所以甘青河湟方言的“宾动式”并非汉语的原生结构，而是当地汉语方言在藏语、蒙古语、撒拉语等语言的影响下，经不同历史时期的语码转换和语言接触而逐渐固化的结果，同时受汉语语义和语用的制约（莫超、李泽琴，2022：816）。

（2）判断句

张安生（2018）认为判断句的否定形式“S＋是$_1$＋N＋不是$_2$”中的“是$_2$”分承了源系词表示判断、肯定、强调义的“断词”功能；“是$_1$”分承了源系词连接主语、表语的“系词”功能，已经或正在重新分析为尚有“连系”功能的主语后附标记。引发判断句否定形式中“是$_2$”后置的动因是历史和现实（地缘关系）中的语言接触。河湟方言“是$_2$”的后置可追溯到元代受蒙古语影响的北方汉儿言语中的同类句式。江蓝生（2003）分析了元白话里“是”用于判断句句末以及叠加的现象，认为叠加现象是汉语与阿尔泰语判断句相融合而产生的，即 S 是 O＋SO 有→S 是 O 有，句末的“有”或“是”，是汉语受到阿尔泰语判断句影响的结果。

（3）比较句

河湟方言的比较句是语言接触研究的热点问题，接触性特征主要体现于差比句。OV 型语言的差比句多使用“比较基准＋比较标记＋比较结果”的语序，VO 型语言则更倾向于“比较结果＋比较标记＋比较基准”语序。河湟方言的基本语序为 SOV 型，差比结构的语序为“比较主体＋基准＋比较标记＋形容词”，比较标记“哈”附加在比较基准之后，语流中有时会弱化为“啊”（敏春芳，2023：101）。

关于河湟方言差比句结构的来源，张安生（2016）认为 Y（比较基准）＋

M（比较标记）+A（比较结果）差比式来源于对蒙古语言同类标记的借用和相应构式的复制；相应的 Y+M+A 差比式来源于 Y+M+V+A 动词差比式的省缩，是本方言基于内外动因的语法创新。

（4）否定句语序

汉语普通话和大部分方言的否定词一般放在被否定成分之前，河湟方言的否定式，在多项状语同时出现时，否定词“不、没有（没）、要”等往往紧接动词而置于其他状语后。

杜冰心（2021）推测这些特殊的否定现象很可能与汉语和阿尔泰语言接触有关。袁芳、魏行（2023）认为阿尔泰语母语者对汉语否定句的不完全习得是西北方言否定词后置语序产生的主要动因和机制。综合上述，元代以来汉语与蒙—汉、维—汉等阿—汉中介语的深度接触是否定词后置式在西北方言中沿用至今的直接外因。

2. 形态接触性语法特征

（1）复数范畴及标记

河湟方言中用名词加“们”表示复数，关于“们”的性质，很多学者都进行了分析，各家观点不尽相同，主要有以下几种。

第一种是词缀说。雷汉卿（2008）列举了青海乐都话中“们”的多种用法，主要是不表示复数的用法，如不可数名词“冰们”“风们”，抽象名词“功夫们”“日子们”。“们”用在指人、动植物的名词和可数的无生命物质名词后可以表示复数，也可以表示单数，如“阿妈们”“我阿大们”指自己的母亲、父亲，“牛们个赶上”“猪们个赶上”中“们+名+个”表示单数，“院子们扫干净给”是指“一个院子”，也表示单数。因此，表示单数的“们”是词缀，而不是复数标记。

第二种是准“复数标记”说。徐丹（2011）认为如果“们”表示人或事物的复数，属于真复数标记；有些“们”用在单数名词后面，如“热头们”，并不表示复数，属于准复数标记。

第三种是“复数标记”说。杨永龙（2014）认为“们”可以加在人称代词、指人名词、无生名词以及部分不可数名词、抽象名词之后，表示复数。如“‘风们’指一阵阵的风，‘冰们’指一处处的冰”（杨永龙，2014：241）。“们”还用于表示连类复数和列举，以及用于单数名词之后，但不表示复数的这些用法只是不同于汉语的跨语言标记类型，是不具有强制性的复数标记。

第四种是“词缀＋复数标记”说。敏春芳（2023）调查分析了临夏话“们”的用法和分布，认为“们”有表示复数和不表示复数两种用法。“们”不表示复数时，表示类指、特指或大量、约量，属于词缀。如“们”在光杆名词后可表类指，相当于词缀，如“你订下的桌子们做好了”。“桌子们”可以理解为复数，指“很多桌子”，也可以是类指用法，表示“桌子和椅子”一类的家具。“们”用于疑问代词、指示代词、数量短语之后均表复数，属于复数标记。

归纳四位学者的观点，可以看到对于“们”的认识的发展变化：词缀→准复数标记→复数标记→词缀＋标记，虽然最终结论不同，但都对“们”表示复数和不表示复数两种情况分别进行了研究。河湟花儿中的数范畴比河湟方言的情况简单一些，从语言接触的跨语言角度来看，本书更倾向于杨永龙（2014）的观点，认为河湟花儿的“们”表示整体、类指或“表示礼貌和尊敬”“夸张和强调”，是“通过复数标记表达复数之外的其他语法意义”（杨永龙，2014：250），“们”仍是复数标记。

汉语的“们”在宋金时期已经普遍运用，早期用于人称代词和指人名词之后表示复数，字形写作“弭”“伟”“懑”“瞒”“每”“门”等，它们是“们”在不同文本中的变体，其中“们”最活跃，并使用至今。例如：

我弭当家没处得卢皮遐来。（《因话录卷·谐戏附》，《唐语林卷 6》引作“弥”）

儿郎伟，有酒如江，有肉如山。（《论障车词法第八》：3909）（祖生利，2005：49）

相公懑悉起，你家人马来厮杀也。（《三朝北盟会编》）

怕曲儿捻到风流处，教普天下颠不剌的浪儿每许。（《西厢记诸宫调》卷一）

起来巡看，庄客们反来厮闹。（《三国演义》二十八回）

——以上例句出自杨永龙，2014a：242

河湟花儿中“们”的各种不同于普通话的特殊用法可以在元代文献找到踪迹和依据。“们”标记动物和无生名词常见于元明文献，如“头口们”“椅卓每”“窗隔每”（杨永龙，2014：242）等。“们”表示单数，如“我扶你门归去。（元曲张协状元）”“教他好看承我爹娘，料他每应不会遗忘。（巾箱本琵琶记）”（王力，1980：272）。“们”用于反身代词和指示代词，如“自家懑都望有前程（晁元礼词）”（王力，1980：272）、“这每的寺院里、房舍里，使臣休安下者。（碑〈48〉，50）”，其中“自家懑”用于反身代词“自己”之后表示“自己一个人”；“这每”表示“这些”。“这们”“那们”也可以指“这些人”“那些人”，相当于“他们”（冯春田，1991：250）。数量词与“们”同现的情况，如“将一十七个先生每剃了头发，交做了和尚。（碑〈27〉，29）”（冯春田，1991：253）。数量词与“们”同现的历史文献只见于元明时期蒙汉译文（吕叔湘，1985：68）。河湟花儿此类用例极少，只有“五雷们触头者不退（表示忠贞不渝）”（徐丹，2011：12）中“数＋名＋们”的形式属于数词与“们”同现，但作为语言现象不具有普遍的说服力，且“五雷”接近凝固性词语，和自由组合的“数词加名词”的形式有所不同。

“们”的特殊用法之所以在元明时期的蒙汉译文出现较多，应当是受到了蒙古语等阿尔泰语言的影响。孙锡信（1990）认为“这些历史文献限于北方地区，在同时期的南方文献中没有这类用法”，“无论是汉语史上还是现代河湟方言里，‘们’标记动物和无生名词的现象都与阿尔泰语言相一致”。文献的翻译将蒙古语的名词复数形式生硬地直译为“名＋们”；以阿尔泰语为母语的人在用汉语交流时，不能完全摆脱母语的表达习惯和语法形式，会把阿尔泰语言的复数标记运用到汉语表达当中，这是语言接触过程中常见的母语干扰现象，属于母语的负迁移。

关于河湟方言的复数标记“们”的特殊用法，主要有以下三点：

第一，“们”做复数标记几乎可以加在人称、指示代词和各种生命度等级的名词之后，类推化程度高，语法化程度强。莫超（2004）推测“们”的这些用法很可能来源于元代的“蒙化汉语”。徐丹（2011b）、杨永龙（2019）、敏春芳（2023）认为这样的用法与阿尔泰语更为接近，如蒙古语的复数标记-ʊʊd/-uud、达斡尔语的复数标记-sul、东乡语的复数标记-lar 等。

第二，可以兼表单复数，“N 们”既可以是有定也可以是无定（李旭平，2022：826）。

第三，“们”可以与数量短语共现。

敏春芳（2023）、祖生利（2002）认为中古蒙古语中存在数词和复数附加成分前后呼应的现象，即便是元明的“纯汉语”文献里也偶见数量结构和复数标记“们”共现的用例，这都是受蒙古语和蒙式汉语的影响而产生的结果。

（2）格范畴及其标记

张安生（2013）以甘青河湟地区 26 市县汉语方言的语法调查材料为依据，全面深入地分析归纳了河湟方言的格范畴，划分了基本格（主体格、客体格）和从属格（方所格、随联格、凭借格）两层次类聚合 3～9 个不等的范畴小类，多数点有主、宾、与、从、随、联、凭 7 个格。具体分类及格助词使用情况如表 6-1 所示（张安生，2013：292）。

表 6-1 河湟方言格范畴类型属性比较表

方言	次类层级								
	基本格			从属格					
	主体格	客体格		方所格			随联格		凭借格
	主格	宾格	与格	位格	从格	向格	随格	联格	凭格
青海片	零形式	哈 xa/a	哈（上 ʂɔ̃/ɔ̃）	价 ɕia	价/唦 sa/唦 价/上/俩 lia/哒 ta，的 ti	价/唦/上/塔 $t^{b}a$/俩	俩 lia 咧 lie	俩 咧	俩 咧
河州片	零形式	哈 xa/a	哈（啦/俩）		哒/塔/哒 啦/嗒 啦/啦/俩/些 ɕie/些俩/迭 tie，的		啦 la 啊	啦 啊	啦 俩
普通话相应词		把	给/为/对	在	从	往/向	跟/和 对/对于	和	用

河湟方言基本格中的客体格有标记，主体格无标记（零形式），二者相对立，具有宾格型语言的特征。倒话“以作格（及物动词的施事主语）的有标记与通格（宾语和不及物动词的主语）的无标记相对立”（张安生，2013：293），具有作格型语言的特征。因此河湟方言与阿尔泰诸语言属于宾格型语言，区别

于“藏式汉语方言”或“倒话”等作格型汉藏混合语。这可以作为考量语言关系、追溯河湟方言接触性特征来源的一个重要参项（张安生，2013：294）。

河湟方言的随联格标记“俩/啦”具有兼表伴随、偕同关系的后置介词的功能；因而，“啦/俩”标记的联格短语和随格短语一样可以分析为状语，这与当地阿尔泰诸语随联格短语做状语的功能也基本一致（张安生，2013：298）。

河湟方言的格助词大多都可以在阿尔泰语系语言中找到对应。李克郁（1987）分析了青海方言的格助词并逐一与阿尔泰语系各语言进行对照，追溯二者的渊源关系。青海汉语中的宾格、与格标记“哈”与阿尔泰语系诸语言中的客体格完全对应。青海汉语的凭联格标记“啦”在句中的位置、语法意义和语音面貌与阿尔泰语系突厥语族语言和蒙古语族语言非常接近或高度一致。从格标记“撒（唦）”与阿尔泰语系蒙古语族语言的离格（或从格）可能有渊源关系（李克郁，1987：31）。

因此，甘青地区接触方言“格”标记形式，“既反映了少数民族逐渐放弃母语接受汉语时的底层残留，也与阿尔泰诸语言的长期影响密切相关”（敏春芳，2014：44）。

（3）反身领属标记

反身领属标记是与名词相关的范畴之一。汉语普通话用反身代词“自己”加上表示领属的助词“的”，再加上被领有者，构成“自己的＋NP”的结构，这是分析型的句法手段。蒙古语是在表示被领有者的名词后加上“反身领属标记”，构成“NP＋反身后缀”，属于综合型的形态手段。蒙古语在名词 ajĭgɷɷd“碗（复数）”之后加上反身领属后缀-aā，构成 ajĭgɷɷd-aā（碗-自己的），意思是“自己的碗”（杨永龙，2015：48）。

青海省民和回族土族自治县的甘沟方言虽然是汉语方言，却有与蒙古语-aā功能类似的“囊”[naŋ] 附加在名词后，读轻声，可看作反身领属标记。杨永龙（2015）通过与多种阿尔泰语言进行比较对照，发现甘沟话的“囊”除与蒙古语用法类似，和土族语的 naŋ 在系统格局、结构分布、标记形式等方面也表现出高度的一致性。（杨永龙，2015：48）。

（4）连接式及其标记

甘青河湟方言用“着”连接两个动词，表示前一个动作进行的时候，紧接着发生另一个行为，前面动作是后面动作进行的条件、方式，或者表示动作进行的时间先后顺序。这种现象是与阿尔泰语系诸语言保持密切接触的结果。贾晞儒（1994）将汉语的“着”字句同青海蒙古语进行了比较，“V_1＋着＋V_2”表示行为动作的方式与青海蒙古语的连接式助词-ʤ的语法功能相对应。

“着”的“方式化”用法产生于元代，因此跟蒙古语有直接关系（李崇兴，2005：79）。在元代直译体文件中，“V着（O）＋VP”的“着”与蒙古语并列式、联合式副动词附加成分“ju/ču”［ʤu/tʃʻu］语音相近、位置相同、功能相通。“着”与蒙古语中副动词后附成分音近义通的对应关系，使得很多学者认为“着”是和蒙古语相应成分的对译。祖生利、罗端（2015）认为中古至唐五代，“着”“由表‘附着义’的动词渐次语法化为持续体和完成体标记”，其过程和机制并非是“阿尔泰语并列副动词词尾的直接借贷，但在其形成和发展过程中，则可能受到了他族语的接触影响”。

（5）使动态及其标记

河湟方言动词后加致使标记“给”，如“走给、坐给、去给、睡给、商量给”等表示祈使，构成祈使式。宋金兰（1990）认为阿尔泰语中的祈使式动词的附加成分与西宁方言中的“给”存在着渊源关系。

赵绿原（2019）分析了青海民和干沟话的致使结构，使用动词附缀“-给”作为形态标记进行增价操作的形式属于形态型致使结构，与土族语的致使结构在结构功能上存在整齐的对应关系，在接触中受土族语影响的可能性较大。

（6）引语标记

“引语标记”常常被置于句末，用于转述自己听到的内容，表示“听说”“据说”“传说”。张安生（2007）分析了西宁回民话的引语标记“-说着[·ʂɔ ·tʂɔ]”“-说[·ʂɔ]”，认为“-说着”“-说”已经完成了“言说动词＞引语助词”的语法化过程而不再具有动词的语法特征。通过跨语言比较可以证明，用后置标记标注引语，是亚洲大陆OV型黏着语普遍存在的语法特征。这种异源性引语标记是在阿尔泰系语言（主要是蒙古语族语）的影响下产生的，这种影响可以溯到元明时期的“汉儿言语”，特别是在以“直译体”“直讲体”白话文献为代表的“蒙式汉语”里就出现了如蒙古语引语动词的用法。

3. 某些词语的语法化

（1）方位后置词“上、里”的语法化

张安生（2013）认为“上、里”除构成方位短语表方所、时间义之外，可以附加在已包含方所成分的处所词后，表示“处、这儿、那儿”，如“家门口上处些从格（从家门口）”（张安生，2013：303）。“上”在青海片还进一步语法化为从格、向格、与格助词，例如：

> 我们缝儿里上/哕/价见了一个脚。（张安生，2013：303）
>
> 普：我们从门缝里看到了一只脚。

“里”虽然没有语法化为格助词，“但是在一定的语境里可以用如位、向、从格甚至客体格、凭借格标记”（张安生，2013：303）。例如：

> 积石山：我房子里在房子里看书着哩。
>
> 西宁：门外前从门外一个人进来了啊。（张安生，2013：303）

祖生利（2001）考察了金元明初汉语文献里“介词＋NP＋方位词＋VP”结构中介词的省略现象，认为这可能与北方阿尔泰语静词变格形式的影响有关：“汉语方位词的后置性特征与蒙古语静词的变格成分相一致；宋元时期汉语方位词意义、功能虚化，与蒙古语静词的变格成分有相通之处”（祖生利，2001：62）。

李泰洙（2000）考察了《老乞大》《老乞大谚解》两个本子里方位词“上、里、根底”表示动作的对象、处所、受事、原因、工具以及相当于领格助词等特殊用法，指出这些功能在元明以前的白话文献中有的没有，有的罕见，在清代乾隆年间刊刻的两种《老乞大》中又大都消失了，故而认为这些方位词的特殊功能是元代汉语与阿尔泰语接触的产物。

（2）助词“着”

贾晞儒（1994）归纳了青海方言“着”的各种用法，并与青海蒙古语的-ʤ做了比较，认为“V＋着＋处所”表示动作行为的处所方位、加强肯定语气、表示动作行为的完成貌等用法与青海蒙古语存在对应关系或相似之处。

（3）量词“个”

赵绿原（2022）认为青海甘沟话中的“个”包含四个不同的语法词，其中用作“这个”的省略形式“个”的用法产生于甘沟话内部；与修饰语标记［tʂʅ］组合使用的“个”，用来标记名词性或谓词性的修饰语，是从其他汉语方言借用的。作为通用量词，有“名＋数量”的语序，这是受到民和土族语“表不定指的名词短语倾向于使用数量成分后置的语序”影响而出现的语言接触性特征。“个”用于“名词后标记单数不定指或类指，修饰动词表单次动作，并衍生出其他用法”，“是土族语和汉语系统协调的产物”。（赵绿原，2022：875）

（三）河湟方言接触性语法特征的来源

上文综述了近年来关于河湟方言接触性语言特征的研究，揭示了甘青河湟方言和阿尔泰语系诸语言在语言结构和形态标记方面的对应关系。追溯甘青河湟地区的民族来源和民族关系，可以更清晰地探究河湟方言接触性语法特征的来源和成因。

甘青河湟地区族群复杂，移民历史悠久，语言接触频繁，北方民族曾多次入主中原，建立过北魏、辽、金、元、清等王朝。自 13 世纪蒙古人建立元朝、进行大规模移民运动开始形成语言区域，几百年来不同的生活方式、宗教信仰、民族语言共存共用而共享共生，形成多元化的区域特征。历史上北方汉语与阿尔泰语系诸语言的深度接触，造成了民族和语言的深度融合。一方面，入主中原的阿尔泰民族转用汉语，导致原来语言在中原甚至中国北部的消亡；另一方面，阿尔泰母语使用者转用汉语，也会给汉语带来其母语的干扰，在北方地区形成了具有阿尔泰语言干扰特征的汉语变体——“汉儿言语”（杨永龙，2022：792）。“汉儿言语”跟甘青河湟方言之间存在着血缘关系，西北方言是“汉儿言语”的活化石。所以，甘青方言中的诸多异源性语法特征都可以在近代蒙式汉语文献里找到相应形式（张安生，2007：354）。

时至今日，甘青河湟地区仍然分布着多种语言：属于汉藏语系的河湟汉语方言和安多藏语；属于阿尔泰语系蒙古语族的蒙古语、东乡语、保安语、土族语、撒拉语。这些语言非同源也无亲属关系，但在长期接触融合的过程中，演化出上文提及的一系列共同特征，如 SOV 语序、格标记、后置助动词、引语标记等，形成了独特的“语言区域”“语言联盟”。

徐丹（2018）认为甘青语言区域的形成时间如果界定在蒙古人 13 世纪占领甘青，那么“这个区域形成初期的底层应该是藏语而不是蒙古语”。“蒙古语在甘青一带占优势应该是 13 世纪以后的事情，汉语的影响主要是 20 世纪以后的事情”。因此，甘青语言区域的语言分为三层：第一层，即最深一层是藏语，第二层是蒙古语，第三层是汉语。就是说，藏语在甘青一带曾经是占优势的语言，后来是蒙古语占优势，最后是汉语占优势。13 世纪的蒙古族等移民群体来到甘青的时候，藏语已经失去了优势语言的地位，蒙古语应是当时的优势语言。所以今天的语言区域特征仍然是蒙古语族语言的句法特征占优势。由此，徐丹、贝罗贝（2018）认为河湟方言的底层语为蒙古语等阿尔泰语，表层语为汉语，是与阿尔泰语言深度接触后产生的汉语方言变体。另外，从名词的格标记类型看，甘青方言与当地阿尔泰系各语言都属于“宾格型”语言，而当地藏语各方言都属于“作格型”语言，也可以作为考量语言关系的重要参项（张安生，2007：355）。

二、河湟花儿与河湟方言接触性语法特征比较

（一）词类及构词比较

河湟花儿和河湟方言都有一些从当地其他民族语言中借用的外来词，主要是名词、动词、形容词的借用，还有少量代词、副词，借词来源有藏语、蒙古语、土族语、撒拉语、波斯语等。总体上，借词所占比例不高，河湟方言的基本词汇和一般词汇与北方汉语基本相同。但“风搅雪”花儿中整句使用藏语、土语或撒拉语的情况，日常河湟方言的使用中一般不会出现。

河湟花儿和河湟方言在构词方面基本没有差别，名词前缀有“尕、老、阿”，名词后缀有“子、头、儿”；动词前缀有“相”，没有后缀；形容词前缀有“可”，有叠音后缀和“不××”后缀；指示代词“吾（也记作‘兀’）”用于远指。

量词“个”在河湟方言有比较特殊的用法：作为通用量词，有“名＋数量”的语序，修饰名词和动词计数，这是受到民和土族语的影响而出现的语言接触性特征。河湟花儿的“个”没有这种用法，除作为普通量词和数词、指示代词组合构成量词短语外，常作为镶嵌性衬字使用，没有具体含义。

方位名词“上、里”在河湟花儿与河湟方言都出现了语法化的现象，“上”的语法化程度较高，具有向格和与格助词的功能。“里”虽然没有语法化为格助词，但在一定语境可以用如与格、向格、从格及凭借格标记。

（二）形态及标记比较

河湟花儿在形态方面与河湟方言总体一致，但某些方面存在差异。

1. 格范畴

河湟花儿与河湟方言都有完整的格范畴，并且以后置格助词为主。二者格范畴的类别和格助词的使用情况基本一致，与河湟方言的格范畴使用情况对照，有以下几点不同：

第一，河湟花儿没有位格和向格，方所格助词没有“塔拉、吵（撒）、些”。

第二，河湟方言根据格助词系统的差异分为青海片和河州片，不同的方言点也有细微的不同，河湟花儿的唱词中的格助词在用法上没有明显的地域差异。

2. 数范畴

河湟花儿的数范畴与河湟方言在大部分方面都是一致的：用标记“们”表示复数；“们”可以加在不同生命等级的人或事物名词之前；可用于可数、不可数名词与具体事物、抽象事物名词；可用于表示单数的事物名词之前，表达尊敬或夸张的语气。

河湟花儿与河湟方言在数范畴方面的不同有两方面：

第一，河湟花儿没有“们”用于表示单数的事物名词前，表示类比的用例。

第二，河湟花儿没有数量与“们”共现的用例。河湟花儿中有不少加“们”的名词前有量词“个”，但不同于河湟方言“数量＋名＋们”的量词与“们”共现的用法，河湟花儿的“个”应为衬字，而不是“一个”的省略形式。下面例句中“你们”是上下文表明的单一人物，“个”仍是衬字，并非强调数量。例如：

①家里没有疼我的人，一心儿要维个你们。(《大全》：175)

②六月里，还嫌个日子们短哩。(《大全》：154)

3. 被动态

河湟花儿和河湟方言都有关于动词的语态范畴——被动式，共同的特征是：都使用动态助词“给”构成被动态；动态助词“给”多用于及物动词之后。

二者的区别有以下几点：

第一，河湟方言的被动态，是将被动助词“给”放在“及物动词+结果补语”的动结式之后，动词的受事要移序到话题的位置，一般要使用宾格标记“哈”(张安生，2013：295)；河湟花儿的被动态是“给”直接加在动词之后，动词的受事没有宾格标记“哈”，结构形式相对简单。

第二，河湟花儿中有“不及物动词+给”构成被动态的用例。例如：

西门庆死给着武二郎西门庆被武二郎杀死了，潘金莲阴间里告状。(《大全》：332)

第三，河湟方言的被动态除了使用助词“给”，还有“的[·ti][·tɕi]”；本书所用的河湟花儿语料库未见相关用例。例如：

①瓶瓶哈打过的［tɕi］了被打破了。

②张三哈公安局抓过的［tɕi］了/抓上走了。(张安生，2012：295)

4. 使动态

河湟花儿和河湟方言都用“及物动词/不及物动词/形容词+给”构成使动态，并使“给”标记的动词、形容词增价，即比原形高出一个配价(张安生，2013：295)。例如：

①清油的灯盏哈要灭给，三间的庭房哈亮给。(《集萃》：139)

——不及物动词

②六月里当兵活受罪，火般的天气里晒给。(《大全》：368)

——及物动词

③黑大麦熬下的好香酒，不叫个坛坛儿们浅给。(《集萃》：220)

——形容词

但河湟花儿限于歌词的结构和格律，使动态结构形式相对简单，在现有语料库没有发现河湟方言中用“哈”标记的致使宾语，动词的受事是直接宾语。例如：

①尕娃娃儿哈说开话了呵声气要得大给呀对小孩儿说话不要让声音那么大（不要大声对小孩说话）。

②他尕娃哈市场里菜买给去了他让儿子去市场买菜去了。（张安生，2013：295）

5. **动词式范畴**

河湟花儿与河湟方言都使用“着/者、是/时、哈”构成动词连接形，表示条件、假设、因果、转折等复杂的语义关系。在结构、用法和功能上，两者没有太大的区别。陈述式和祈使式在结构和标记上也基本一致，没有太大区别。

河湟方言的反身代词标记“囊”和引语标记“说着”“说”，河湟花儿的语料库未见相关用例。

（三）结构及语序比较

1. **语序**

SOV 语序是河湟方言最突出的区域特征。河湟花儿和河湟方言都是 OV 和 VO 语序并用，但以 OV 语序为主，并用宾格助词记“哈/啊”标记前置的宾语；“哈/啊”都可以用于方所格，相当于普通话的“对”；都可以和介词“把”配合使用，突出受事宾语，构成“把”字句。但河湟方言双及物结构中的直接宾语和间接宾语都可以用“哈/啊”标记，即“哈/啊”不仅用于宾格，还用于与格，如“我哈章哈个盖给给我盖个章子”（张安生，2013：294）。本书所用的河湟花儿语料库没有发现同样的用例。

否定式中“不、没有（没）、嫑”等否定词多后置于其他状语而紧接动词的情况，河湟方言和河湟花儿基本一致，没有明显的区别。

2．判断句

河湟花儿和河湟方言判断句的结构形式相同，但是特殊格式的判断句在河湟花儿中的用例较少，没有河湟方言常见。判断句的基本格式“甲是乙”“甲不是乙”属于VO型，特殊格式“甲乙就是”属于OV型。否定判断句有“甲乙不是”“甲是乙＋宾语＋不是”两种，分别属于“VO型”和“混合型”（敏春芳、雷雨，2016：352）。

3．差比句

河湟花儿差比句的肯定格式是“A＋比（＋个）＋B＋形”“A＋赛过＋B”，否定形式有“A＋比＋不上（得）＋B”“A＋把＋B＋比＋不过”“A＋没有＋B＋形”“A＋不如（像）＋B”“（A＋）形＋不过＋B”五种格式。A是比较对象，B是比较基准，比较动词有“比、不如”，否定形式用“不如、不像、没有”。

与河湟方言相比，河湟花儿差比句有所不同：

第一，一般不用比较标记“哈、啊”，现有语料库没有使用“哈、啊”等比较标记的用例。如河湟方言中“老张啦比是和老张比的话，老李的身体好（一些）”（张安生，2016：8）、“张三李四哈比上呵，大高着”、“张三的个子李四吵看个呵，大着”（张安生，2016：10）等用法很常见，河湟花儿极少有相同用法，本书语料库未见相关用例。

第二，现有语料库没有发现从格标记“些”与介词“比”框式共现的差比句格式，如“他比我些比我穰弱呗”（莫超，2010）。

4．把字句

和普通话相比，河湟花儿只有处置义“把”字句与普通话基本相同，其他类型和普通话存在多处不同。

第一，在格式上，河湟花儿“把”字句的动词有时是光杆动词，后面没有补语或语气词。普通话“把”字句的动词不能是光杆动词。例如：

我因公办私把你看，为什么半路里闪缠？（《大全》：67）

第二，语序方面，河湟花儿的“把”字句副词、助动词一般在“把+受事”后。例如：

①你不是维人的材料儿，把尕妹再不要哄了。（《大全》：124）
②转转槽上拴马哩，把鞍子们就备上。（《大全》：71）
③到今日把你才见了，这几天扯牵坏了。（《大全》：168）

有时主语会放在“把”字宾语之后，例如：

①把我的心思你猜着了，不由我心眼里笑了。（《大全》：77）
②把我的花儿你挑唆，把你的帐房火着。（《大全》：133）

第三，河湟花儿“把”字句的动词不能重叠，普通话可以重叠。例如：

①你把个花儿哈漫来。（《大全》：84）

——普：你把花儿唱唱。

②哪一日把花儿见哩。（《大全》：89）

——普：哪一日把心上人见见。

第四，河湟花儿“把”字句可以用于构成比较句和比喻句，普通话不能。例如：

①苦荞蔓儿把黄药子比不过。（《精选》：313）

——普：苦荞蔓儿比不过黄药子。

②把尕妹好比是秋蝉儿。(《大全》: 90)

——普：妹妹好比是秋蝉儿。

第五，河湟花儿“把”字句动词的使用范围比普通话范围更为广泛，部分不能进入普通话“把”字句的心理动词、感知动词、使令性动词、关系动词以及形容词，都可进入河湟花儿“把”字句中。例如：

①不是把你的话不听，家里人知道是打哩。(《大全》: 183)

②把阿哥空嘴儿满答应，你实心维下的别人。(《大全》: 146)

③我把你等给了十八年，你把我没等个两年。(《大全》: 236)

④尕嘴儿抿下着偷着笑，没知道你把我要的。(《大全》: 244)

⑤千年的白蛇把姑娘变，给许仙，借一把挡雨的花伞。(《大全》: 329)

⑥我把你陪上者坐一天，只说是日子们短了。(《集萃》: 141)

⑦见你的多来遇你的少，姊妹把精神哈短哩。(《集萃》: 151)

第六，河湟花儿“把”字句宾语后可加宾格标记“哈”，是受到普通话的影响，但普通话没有后置词“哈”。例如：

城头上打锣着城根里响，夜里了把灯哈照上。(《大全》: 7)

三、本章小结

通过上文对河湟花儿和河湟方言接触性语言特征的比较，以及异源性特征来源的分析，可以明确河湟花儿唱词受到了阿尔泰语系诸语言的影响，具有典型的 SOV 型语言的语法特征，如格范畴、后置词等，名词的数范畴，动词的式范畴、语态范畴，以及判断句、差比句的特殊结构，部分词语的特殊用法和借词等，都表现出与阿尔泰语系语言一定的对应关系。河湟花儿的部分结构和词语用法由于特定的文本样式和格律要求，相对河湟方言来说，简单一些，具体差异包括以下几点：

第一，河湟花儿格助词没有位格和向格标记，从格标记没有“价、唦/撒、些”。

第二，河湟花儿数范畴未见数量词与复数标记“们”共现的格式。

第三，河湟花儿不仅使用被动语态，也用被动句式表达被动的语法意义；使用致使态，也用兼语结构表达使役，河湟方言中某些典型的句式结构，河湟花儿受限于格律字数极少或未见用例。

第四，河湟花儿的差比句没有“比较对象＋哈＋比较结果”的句式。

第五，河湟花儿判断句中的 OV 型句式有“表语＋是/不是”和“是＋表语＋是/不是”两种，结合本书语料库的使用情况来看，不及河湟方言使用频率高。

第六，河湟花儿有民歌中罕见的“风搅雪”形式，河湟方言只有借词的使用，不会整句借用民族语表达。

第七，河湟花儿 OV/VO 语序并用，双及物结构的句型相对简单，没有“（S＋）O_R＋哈＋O_T＋V”的格式。

河湟花儿接触性特征的形成可以溯源至元代的“汉儿言语”，这一现象源于特定历史时期，民族迁移和融合的背景下，甘青河湟地区多民族、多语言融合的进一步加强。“汉儿言语”作为中介语加深了阿尔泰语系语言对河湟方言和河湟花儿的影响，并一直延续至今，形成独特的语言联盟。河湟花儿作为特殊的文本形式，也体现了典型的接触性特征，并带有民歌唱词的口传特点和韵律风格。

结　　语

一、研究结论

本书以甘青河湟花儿民歌著录作品的语法特点为研究对象，通过整理分析万余首河湟花儿的书面语料，运用语言类型学、方言学和语法学等研究方法，对甘青河湟花儿作品的词类、形态和句法特点进行了系统深入的描写，重点分析了河湟花儿的接触性语言特征，并与河湟方言的接触性特征进行了比较，从甘青河湟地区的民族构成和民族关系入手探究了其异源性语法特征的来源。

本书的主要研究结论有以下方面：

第一，河湟花儿发源于“古河州”，形成于元末明初，主要分布于甘青毗连区，回族是河湟花儿的创造者、演唱者和传播者。河湟花儿的歌词中有一些借自阿拉伯语、波斯语、藏语、蒙古语、撒拉语、土族语等的外来词，形成了民歌中罕见的洋泾浜风格的“风搅雪”花儿，表现出由于多民族聚居生活、多民族传唱花儿形成的语言间的借用和混合。

第二，河湟花儿中的实词主要有名、动、形、数、量、代、副七类。方位词“上、里”具有一定的方所格标记功能，“上”表现出一定的与格功能。趋向动词“来、过、上、下”除可以放在动词后做趋向补语外，“上、下、过”等趋向动词可以表示动作的结果和体貌，“来、下”还可以做可能补语。疑问代词“阿”义为“哪、何、怎”，并且可以做词素，具有较强的构词能力。虚词有介词、助词、连词、语气词四类。助词除动态助词“着、了、过、开、脱”，结构助词“的、地、得”，比况助词“般的”外，还包括格助词“哈/啊”（宾格）、“哈、上、些”（与格）、“啦”（从格）、“啦/俩”（随联格和凭借/工具格），以及复数助词“们”、语态助词“给”和连接助词“着/者、是/时、呵/哈”。

第三，河湟花儿的体词性词语有格范畴和数范畴，动词性词语除有体貌范畴外，还有语态范畴和连接式范畴。格意义用后置格助词表示，有比较完整的格系统，但没有位格和向格，本书所用河湟花儿语料库未见从格助词“价、吵/撒、些”的用例。数范畴用“们”做复数标记，可用于指人和指物的名词、可数和不可数名词、具体和抽象事物名词，还可以用于单数名词。动词一般用“V＋给”构成被动态和使动态。

第四，河湟花儿表现出一定的OV型语言句法特征。判断句属于OV型的句式有“表语＋是/不是”和“是＋表语＋是/不是”两种。差比句“X＋把＋Y＋比＋不过”的结构用前置词“把”标记比较对象，“（X＋）形＋不过＋Y”的结构中比较结果在比较动词之前。本书语料库没有发现“比较对象＋哈＋比较结果”的差比句格式。双及物结构中的间接宾语多在动词前，有时用与格助词“哈”标记，也有与事和受事都放在动词之前的形式。否定句式中否定词“不、要”紧接动词做状语而处于其他状语之后，与OV型语言核心动词居后的语序有关。

第五，河湟花儿使用河湟方言歌唱表达，因而显示出河湟方言的主要接触性语法特征，但二者也有差异：河湟花儿数范畴未见数量词与复数标记“们”共现的格式；本书所用语料库未见反身代词标记“囊”和引语标记“说着”“说”的相关用例；河湟花儿不仅使用被动语态，也用被动句式表达被动的语法意义；使用致使态，也用兼语结构表达使役；河湟花儿的差比句没有“比较对象＋哈＋比较结果”的句式；河湟花儿OV/VO语序并用，双及物结构的句型相对简单，没有“（S＋）O_R＋哈＋O_T＋V”的格式；河湟花儿有民歌中罕见的“风搅雪”形式，河湟方言只有借词的使用，不会整句借用民族语表达。

第六，河湟花儿的OV语序、复数标记“们”、后置助动词、动词用连接式标记“着/者、是/时、呵”等接触性语法特征与当地的OV型语言，主要是阿尔泰语系语言有较为整齐的对应关系，一定程度上说明河湟花儿的接触性语法特征来源于阿尔泰诸语以及藏语的深度影响和渗透。

二、研究不足

本书在广泛搜集整理河湟花儿文献著录作品的基础上，结合前人对河湟花儿和河湟方言的研究成果，尽可能全面地分析总结河湟花儿的语法特征，并与河湟方言进行比较，进一步探究其语法特征的来源。

由于个人能力有限，本书还存在一些不足之处。

第一，河湟花儿的语料还应进一步丰富。本书使用的语料库集中了四本花儿集，共计花儿万余首，字数近 50 万，但有些河湟方言常见的语法现象仍未找到相关用例，不能排除因语料不够全面而未能反映出各种语法特点的可能。同时，目前掌握的语料都是书面文本，大多经过辑录者对语言的加工或取舍，而非河湟花儿的原始面貌，因此搜集一定的花儿会口传花儿，对于更准确地反映河湟花儿的语法特点应是一个有益的补充。

第二，应当对河湟花儿的内部差异进行比较。河湟方言有青海片与河州片的内部差异，河湟花儿传唱区域集中在甘青两地，有青海花儿和临夏花儿之分，传唱地区所用方言的不同也会在花儿唱词中有所反映。因此，对河湟花儿内部的差异进行比较，可以更细致深入地研究河湟花儿的语法特点。

第三，研究内容可以进一步深入。河湟花儿民歌作品作为方言研究的语料，是极有价值的、有待深入挖掘的宝贵矿藏，但本书未能对某些有价值的问题有所涉及并进一步分析，比如河湟花儿唱词文本用字问题的探究，河湟花儿、河湟方言语法型变的特点和趋势的探讨等。本书的现有内容会成为今后研究的起点和基础，期待后来者不断深入，继续发掘。

参考文献

一、著作

[1]《中国少数民族语言简志丛书》编委会. 中国少数民族语言简志丛书（修订本）[M]. 北京：民族出版社，2009.

[2] Bernd heine，Tania Kuteva. 语法化的世界词库 [M]. 龙海平，谷峰，肖小平，译. 北京：世界图书出版公司. 2012.

[3] 曹强，荆兵沙. 花儿语言民俗研究 [M]. 北京：中国社会科学出版社，2016.

[4] 黄伯荣，廖序东. 现代汉语（增订六版） [M]. 北京：高等教育出版社，2017.

[5] 金鹏. 藏语简志 [M]. 北京：民族出版社，1983.

[6] 兰州大学中文系临夏方言调查研究组. 临夏方言 [M]. 兰州：兰州大学出版社，1996.

[7] 李少白，李养峰. 河湟花儿大全 [M]. 西宁：青海人民出版社，2011.

[8] 力提甫·托乎提. 阿尔泰语言学导论 [M]. 太原：山西教育出版社，2002.

[9] 林莲云. 撒拉语简志 [M]. 北京：民族出版社，1985.

[10] 刘丹青. 语序类型学与介词理论 [M]. 北京：商务印书馆，2003.

[11] 刘丹青. 语言类型学 [M]. 上海：中西书局，2017.

[12] 陇崖. 花儿集萃 [M]. 兰州：甘肃文化出版社，2005.

［13］陆丙甫，金立鑫．语言类型学教程［M］．北京：北京大学出版社，2016．
［14］罗耀南．花儿词话［M］．西宁：青海人民出版社，2001．
［15］马伟．撒拉语形态研究［M］．北京：中国社会科学出版社，2015．
［16］马学良．汉藏语概论（第 2 版）［M］．北京：民族出版社，2003．
［17］清格尔泰，李克郁．土族语和蒙古语［M］．呼和浩特：内蒙古人民出版社，1992．
［18］斯钦朝克图．康家语研究［M］．上海：上海远东出版社，1999．
［19］王沛．河州花儿研究［M］．兰州：兰州大学出版社，1992．
［20］威廉·克罗夫特．语言类型学与语法共性［M］．龚群虎等，译．上海：复旦大学出版社，2009．
［21］武宇林．中国花儿通论［M］．银川：宁夏人民出版社，2008．
［22］郗惠民．西北花儿学［M］．兰州：兰州大学出版社，1989．
［23］雪犁，柯扬．西北花儿精选［M］．西宁：青海人民出版社，2012．
［24］张成材，朱世奎．西宁方言志［M］．西宁：青海人民出版社，1987．
［25］张亚雄．花儿集［M］．北京：中国文联出版公司，1986．
［26］赵宗福．花儿通论［M］．西宁：青海人民出版社，1989．
［27］赵宗福，蒲生华．河湟花儿研究［M］．西宁：青海人民出版社，2016．
［28］中国民间文艺研究会甘肃分会．花儿论集［M］．兰州：甘肃人民出版社，1983．
［29］祖生利，罗端．助词“著”的产生与发展再探讨［M］．巴黎：法国国家科研中心东亚语言研究所，2015
［30］陈元龙．中国花儿新论［M］．兰州：甘肃文化出版社，2004．

二、学位论文

［1］马梦玲．西宁方言 SOV 句式类型学特点初探［D］．南京：南京师范大学，2007．
［2］王世伟．2000—2010 年的花儿研究［D］．兰州：西北师范大学，2011．
［3］邢燕燕．1980—1999 年花儿研究综论［D］．兰州：西北师范大学，2011．
［4］张竞婷．保安族汉语方言格范畴研究［D］．兰州：兰州大学，2013．

［5］赵绿原．甘沟方言的动词后附成分［D］．北京：中国社会科学院，2015．

三、期刊文献等

［1］Joseph H Greenberg．某些主要跟语序有关的语法普遍现象［J］．陆丙甫，陆致极，译．国外语言学，1984（2）．
［2］安丽卿，孙语婕．西宁方言中“把”字句的类型及句法特点［J］．陕西理工大学学报（社会科学版），2022（6）．
［3］安丽卿．论西宁话和临夏话中的 SOV 句式［J］．辽东学院学报（社会科学版），2015（2）．
［4］包萨仁．从语言接触看东乡语和临夏话的语序变化［J］．西北第二民族学院学报（哲学社会科学版），2006（2）．
［5］卜锡文．“花儿”命名臆谈［J］．西北民族大学学报（哲学社会科学版），1981（4）．
［6］卜锡文．河湟花儿体系的确立及其概貌［J］．西北师大学报，1985（2）．
［7］卜锡文．“河湟花儿”命名之缘由［J］．音乐研究，1989（4）．
［8］曹强．基于问题意识的“花儿”语言研究［J］．青海民族研究，2010（2）．
［9］曹强．试论“花儿”的错误接受［J］．民族文学研究，2011（6）．
［10］曹强．“花儿”歌词注释中存在的问题［J］．青海民族大学学报（社会科学版），2012（1）．
［11］曹强．试论“花儿”的语义增值接受［C］//莫超．西北语言与文化研究（第一辑）．上海：华东师范大学出版社，2013．
［12］曹强．从语言学角度看“花儿”的起源时代［J］．青海社会科学，2014（3）．
［13］曹强．传播学视阈下的“花儿”歌词用字问题［J］．青海社会科学，2015（1）．
［14］陈乃雄．五屯话初探［J］．民族语文，1982（1）．
［15］陈乃雄．五屯话的动词形态［J］．民族语文，1989（6）．
［16］陈卫兰．元代汉语语法研究综述［J］．台州学院学报，2007（4）．
［17］戴庆厦．藏缅语的述宾结构——兼与汉语比较［J］．方言，2001（4）．

[18] 都兴宙. 论西宁话里的虚词“lia”[J]. 青海民族学院学报，1995 (1).
[19] 都兴宙. 近代汉语的“呵”与“後”[J]. 青海师范大学学报（哲学社会科学版），1998 (1).
[20] 杜冰心. 接触语言学视域下的临夏汉语方言否定表达研究 [J]. 吕梁学院学报，2021 (6).
[21] 杜亚雄. “少年”与“花儿”辨析 [J]. 中国音乐，1983 (2).
[22] 韩华. 浅谈“临夏花儿”的语言特征 [J]. 内蒙古大学艺术学院学报，2008 (1).
[23] 郝苏民. 文化场域与仪式里的“花儿”——从人类学视野谈非物质文化遗产保护 [J]. 民族文学研究，2005 (4).
[24] 黄行. 语言接触与语言区域性特征 [J]. 民族语文，2005 (3).
[25] 贾晞儒. 对河湟汉语几个语法现象的分析 [J]. 青海民族学院学报，1990 (4).
[26] 贾晞儒. 青海汉话的“着”与青海蒙古语的 dʒ [J]. 西北民族研究，1993 (1).
[27] 贾晞儒. 多语接触中的青海汉话与蒙古语 [J]. 西部蒙古论坛，2018 (4).
[28] 金小栋，吴福祥. 汉语方言多功能虚词“连”的语义演变 [C] //吴福祥，陈前端. 语法化与语法研究（八）. 北京：商务印书馆，2017.
[29] 靳玉兰. 浅析青海方言“把”字句的几种特殊用法 [J]. 青海民族学院学报，1995 (3).
[30] 靳玉兰. 青海方言中的程度副词“糊涂”[J]. 青海师范大学学报（哲学社会科学版），1995 (3).
[31] 荆兵沙. 近百年“花儿”学术研究述评 [J]. 渭南师范学院学报，2016 (15).
[32] 柯杨. “花儿”溯源 [J]. 兰州大学学报，1981 (2).
[33] 柯扬. 关于临夏花儿“出门人的歌”的族属问题 [J]. 宁夏大学学报（社会科学版），1985 (1).
[34] 柯杨. 河州花儿——回族人民生活与文化的缩影 [J]. 兰州学刊，1989

(2).
[35] 孔祥馥. 略论河湟“花儿”的语言魅力 [J]. 青海民族大学学报（社会科学版），2011（3）.
[36] 孔祥馥. 试析河湟“花儿”语言中蕴涵的民俗文化现象 [J]. 青海民族大学学报（社会科学版），2012（3）.
[37] 雷汉卿. 青海乐都话中“们”的用法探索 [J]. 重庆大学学报（社会科学版），2008（2）.
[38] 雷汉卿. 西北“花儿”语言问题刍论 [J]. 甘肃社会科学，2015（3）.
[39] 雷汉卿. 青海乐都方言的语气助词“哈”[J]. 方言，2017（4）.
[40] 李崇兴. 论元代蒙古语对汉语语法的影响 [J]. 语言研究，2005（3）.
[41] 李鸿春. 青海方言中形容词重叠式的评价意义分析 [J]. 青海民族研究，2013（2）.
[42] 李克郁. 土族语中-nge（-ge）的用法 [J]. 青海民族学院学报，1983（3）.
[43] 李克郁. 青海汉语中的某些阿尔泰语言成分 [J]. 民族语文，1987（3）.
[44] 李天义. 河湟花儿研究 [J]. 中华文化论坛，2014（5）.
[45] 李旭平. 再论量词和复数标记不共现原则——从甘青汉语说起 [J]. 当代语言学，2022（6）.
[46] 李言统. 青海四大花儿庙会的调查报告 [J]. 西北民族研究，2009（4）.
[47] 刘丹青. 语法化中的更新、强化与叠加 [J]. 语言研究，2001（2）.
[48] 刘丹青. 汉语给予类双及物结构的类型学考察 [J]. 中国语文，2001（5）.
[49] 刘丹青. 语言类型学与汉语研究 [J]. 世界汉语教学，2003（4）.
[50] 刘凯. “花儿”流传中的一种特异现象——“风搅雪”[J]. 西北民族大学学报（哲学社会科学版），1981（4）.
[51] 刘凯. “花儿”中的方言语法结构及一些虚词使用问题的探讨 [J]. 青海师范学院学报（哲学社会科学版），1982（4）.
[52] 刘凯. 西部“花儿”中的藏族文化基因 [J]. 西藏艺术研究，1999（3）.
[53] 刘凯. “风搅雪花儿”与双语文化钩沉 [J]. 青海社会科学，1999（4）.

[54] 刘秋芝. 回族花儿研究综述及其混合语的特征分析 [J]. 西北民族大学学报（哲学社会科学版），2009 (6).
[55] 刘照雄. 浅谈蒙古语族动词的特点及句法功能 [J]. 语言研究，1982 (2).
[56] 罗太星. 青海汉语方言中的“宾—动”式——兼与程祥徽、张成材同志商榷 [J]. 青海社会科学，1981 (3).
[57] 雒鹏. 河州话语法——语言接触的结果 [J]. 西北师大学报（社会科学版），2004 (4).
[58] 马桂花. 河湟“花儿”的民族特征及其传承 [J]. 青海民族学院学报，2008 (3).
[59] 马梦玲. 西宁方言中 SOV 句式浅析 [J]. 青海师范大学学报（哲学社会科学版），2002 (4).
[60] 马梦玲. 西宁方言 SOV 句式与境内阿尔泰诸语言语法比较 [J]. 青海师范大学学报，2009 (2)
[61] 马梦玲. 西宁方言的“哈”“俩”及其语序类型学特点 [J]. 青海师范大学学报（哲学社会科学版），2009 (4).
[62] 马梦玲. 西宁方言中与语序有关的附置词及其类型学特点 [J]. 兰州交通大学学报，2009 (5).
[63] 马如彪，马兆熙. 临夏地区东乡语使用现状调查研究 [J]. 青海民族研究，2016 (2).
[64] 马树钧. 汉语河州话与阿尔泰语言 [J]. 民族语文，1984 (2).
[65] 马伟. 循化方言的“是”与撒拉语 [sa/se] 语法功能比较 [J]. 青海民族研究，1994 (3).
[66] 马伟. 试探河洲话的产生基础 [J]. 青海民族研究，1997 (2).
[67] 敏春芳. 甘青民族地区语言接触中的“格”范畴 [J]. 民族语文，2014 (5).
[68] 敏春芳，程瑶. 语言接触视域下临夏话“是”字句特殊用法研究 [J]. 兰州大学学报（社科版），2015 (6).
[69] 敏春芳，雷雨. 临夏回民汉语的“S 是＋N 是/不是是”句 [J]. 方言，

2016 (3).
[70] 敏春芳，杜冰心. 语言接触视野下甘青河湟方言“着”字句研究 [J]. 山西大学学报（哲学社会科学版），2020 (2).
[71] 敏春芳，肖雁云. 语言接触视角下甘青河湟方言的前呼后应与重叠并置现象 [J]. 语言科学，2022 (5).
[72] 敏生智. 汉语青海方言与藏语安多方言 [J]. 青海民族学院学报，1989 (3).
[73] 莫超，张建军. 从语法特点看唐汪话的语言性质 [J]. 西北师大学报（社会科学版），2015 (2).
[74] 莫超. 语言接触视角下的汉语河州话研究综述 [J]. 中国方言学报，2017 (7).
[75] 莫超. 语言接触与河州方言的形成 [J]. 中国语言学报，2018 (18).
[76] 莫超，李泽琴. 甘青语言区域汉语方言的“宾动式”再探 [J]. 当代语言学，2022 (6).
[77] 蒲占新. 浅赏河湟“花儿”的几个特殊民俗语言 [J]. 中国土族，2014 (1).
[78] 屈文焜. 花儿的语言艺术 [J]. 宁夏社会科学，1984 (2).
[79] 屈文焜. 试谈宁夏“花儿”的衬字和复韵 [J]. 宁夏师范学院学报，1981 (1).
[80] 屈文焜. 回族传播“花儿”的历史过程及其特点 [J]. 民族文学研究，1996 (2).
[81] 任碧生. 西宁方言的前置宾语句 [J]. 方言，2004 (4).
[82] 仁增旺姆. 汉语河州话与藏语的句子结构比较 [J]. 民族语文，1991 (1).
[83] 宋金兰. 青海汉语助动词“给”与阿尔泰语言的关系 [J]. 民族语文，1990 (2).
[84] 田耿辉，曹强. 论“花儿”歌词注释应注意的问题 [J]. 青海社会科学，2012 (4).
[85] 汪忠强. 谈谈青海方言的特殊语序 [J]. 青海社会科学，1984 (3).

[86] 王全华. VO/OV语序与“来、去”句处所题元的位置 [J]. 齐齐哈尔大学学报（哲学社会科学版），2019 (1)
[87] 王森. 甘肃临夏方言的两种语序 [J]. 方言，1993 (3)
[88] 王森，王毅. 兰州话的“V+给”句 [J]. 中国语文，2003 (5).
[89] 王双成. 汉语青海方言的动词重叠式 [J]. 民族语文，2008 (3).
[90] 王双成. 西宁方言的差比句 [J]. 中国语文，2009 (3).
[91] 王双成. 青海西宁方言的给予类双及物结构 [J]. 方言，2011 (1).
[92] 王双成. 西宁方言的介词类型 [J]. 中国语文，2012 (5).
[93] 王双成. 青海的多语言环境和语言接触 [J]. 青海民族研究，2014 (3).
[94] 王双成. 语言接触与西宁方言的并列和伴随——兼论伴随和工具格标记“俩”的来源 [J]. 民族语文，2020 (3).
[95] 王小敏，张侃. 论河州花儿的方言词语及修辞特征 [J]. 青海师范大学学报（哲学社会科学版），2013 (1).
[96] 魏泉鸣. 花儿学史纲要目 [J]. 西北民族大学学报（哲学社会科学版），1985 (2).
[97] 吴福祥. 汉语方言里与趋向动词相关的几种语法化模式 [J]. 方言，2010 (2).
[98] 武慧. “河湟花儿”的衬词研究 [J]. 西南科技大学学报（哲学社会科学版），2007 (4).
[99] 武宇林. 回回民族与“花儿”歌谣 [J]. 西北第二民族学院学报（哲学社会科学版），2007 (2).
[100] 武宇林. “花儿”民歌与北方少数民族语言 [J]. 宁夏社会科学，2012 (2).
[101] 郗慧民. “花儿”的格律和民间文学工作的科学性 [J]. 西北民族大学学报（哲学社会科学版），1980 (1).
[102] 郗慧民. 关于“花儿”的类型 [J]. 民族文学研究，1984 (2).
[103] 郗慧民. “花儿”的衬词 [J]. 西北民族大学学报（哲学社会科学版），1987 (4).
[104] 郗慧民. 多系统文化融合的结晶“花儿”渊源探寻 [J]. 西北民族研究，

1988 (2).

[105] 郗慧民. “花儿”研究与“花儿学”[J]. 西北民族学院学报（哲学社会科学版），2002 (4).

[106] 郗慧民，郗萌. “花儿”物质民俗的文化内涵 [J]. 西北民族大学学报（哲学社会科学版），2005 (1).

[107] 席元麟. 汉语青海方言和土族语的对比 [J]. 青海民族研究，1989 (1).

[108] 谢晓安，张淑敏. 甘肃临夏方言的疑问句 [J]. 兰州大学学报，1990 (3).

[109] 谢晓安，华侃，张淑敏. 甘肃临夏汉语方言语法中的安多藏语现象 [J]. 中国语文，1996 (4).

[110] 徐丹. 唐汪话的格标记 [J]. 中国语文，2011 (2).

[111] 徐丹. 汉语河州话及周边地区非指人名词的复数标记“们”[J]. 民族语文，2011 (6).

[112] 徐丹. 甘肃唐汪话的语序 [J]. 方言，2013 (3).

[113] 徐丹. 甘青一带语言借贷的历史层次及模式 [J]. 民族语文，2018 (6).

[114] 杨静. 青海汉语方言 SOV 句式研究综述 [J]. 语文学刊，2009 (4).

[115] 杨静. 青海汉语方言 SOV 句式宾格标记的考察 [J]. 青海民族研究，2011 (2).

[116] 杨静. 西宁方言把字句句法语义语用分析 [J]. 青海师范大学学报（哲学社会科学版），2015 (6).

[117] 杨鸣键. 花儿的类别及其属族 [J]. 黄钟·武汉音乐学院学报，1990 (4).

[118] 杨沐. “花儿”界说问题及歌种分类探讨 [J]. 中央音乐学院学报，1984 (2).

[119] 杨生顺. 河湟“少年”文化探源 [J]. 青海师范大学学报，2016 (2).

[120] 杨永龙. 青海甘沟话复数标记“们［mu］”的类型特征及历史比较 [C] //中国社会科学院语言研究所. 历史语言学研究（第八辑）. 北京：商务印书馆. 2014.

[121] 杨永龙. 青海民和甘沟话的多功能格标记“哈”[J]. 方言，2014 (3).

［122］杨永龙．青海甘沟话的反身领属标记“囊”——“转用导致的干扰”的个案研究［J］．语言研究，2015（3）．

［123］杨永龙．青海民和甘沟话的语序类型［J］．民族语文，2015（6）．

［124］杨永龙，张竞婷．青海民和甘沟话的格标记系统［J］．民族语言，2016（5）．

［125］杨永龙．甘青河湟话的混合性特征及其产生途径［J］．民族语文，2019（2）．

［126］杨永龙．导语：语言接触与甘青河湟语言区域特征［J］．当代语言学，2022（6）．

［127］袁芳，魏行．语言接触与西北方言否定语序的演变［J］．语言科学，2023（3）．

［128］扎西东珠，马岱川．试论安多藏语与河湟花儿的内在联系［J］．西藏研究，1994（2）．

［129］张安生．西宁回民话的引语标记“说着”“说”［J］．中国语文，2007（4）．

［130］张安生．甘青河湟方言名词的格范畴［J］．中国语文，2013（4）．

［131］张安生．甘青河湟方言的差比句——类型学和接触语言学视角［J］．中国语文，2016（1）．

［132］张安生，舍秀存．西宁回民话的强调助词“也”及其来源［J］．语文研究，2016（3）．

［133］张成材．甘肃方言特点举要（一）［J］．甘肃高师学报，2005（3）．

［134］张成材．西宁及周边方言介词初探［J］．青海师范大学学报（哲学社会科学版），2006（3）．

［135］张成材．甘肃方言特点举要（二）［J］．甘肃高师学报，2007（1）．

［136］张建军．河州汉语方言成因探析［J］．甘肃社会科学，2008（2）．

［137］张竞婷．保安族汉语方言格标记及其演变［J］．民族语言研究，2015（1）．

［138］张竞婷．青海民和甘沟话的状语从句标记“是”及其来源［J］．语文研究，2017（2）．

［139］张君仁．“花儿”之民俗事象及其文化意蕴［J］．民族艺术，2000（2）．
［140］张君仁．1949年以前的花儿与花儿研究——《花儿学术史》研究之一［J］．中国音乐学，2011（2）．
［141］张君仁，邢燕燕．1980—1999年的花儿研究——《花儿学术史》研究之三（1）［J］．中国音乐，2012（3）．
［142］张君仁，邢燕燕．1980—1999年的花儿研究——《花儿学术史》研究之二（2）［J］．中国音乐，2012（4）．
［143］张君仁，邢燕燕．1980—1999年的花儿研究——《花儿学术史》研究之三（3）［J］．中国音乐，2013（1）．
［144］张君仁，邢燕燕．1980—1999年的花儿研究——《花儿学术史》研究之三（4）［J］．中国音乐，2013（2）．
［145］张�．社会语言学视域下青海河湟方言的语言变异研究［J］．青海师范大学学报（哲学社会科学版），2019（6）．
［146］赵绿原．青海民和甘沟话的致使结构［J］．中国语文，2019（2）．
［147］赵宗福．西北花儿的文化形态与文化传承——以青海花儿为例［J］．西北民族研究，2011（1）．
［148］周晨磊．青海贵德周屯话的“们”［J］．方言，2016（2）．
［149］周健．浅析“花儿”的衬词［J］．交响·西安音院学报，1983（1）．
［150］朱刚．“花儿”与“少年”辨析［J］．青海民族学院学报，1982（1）．
［151］朱刚，韩建业．河湟“花儿”族源试探——从河湟“花儿”的若干语言现象谈起［J］．青海民族学院学报，1986（3）．
［152］朱世奎．另类花儿“风搅雪”——独具语言艺术魅力的一种河湟花儿［J］．中国土族，2007（1）．
［153］毕艳君．浅论花儿会的变异［J］．青海民族研究（社会科学版），2002（9）．
［154］程林．西宁方言中“谓词＋给”的特殊句式［J］．现代语文（语言研究版），2010（10）．

后　记

本书得以出版，首先要感谢张安生老师。本书得到了导师张安生教授主持的国家社会科学基金重点项目《区域类型学视角的甘青河湟方言语法研究》（18AYY005）的经费资助。

本书稿是在我的博士毕业论文的基础上修改而成的。去年年末，论文终成。回首来路，沟坎波折，艰难困顿，幸有良师益友，提携扶持，才得闯关成功，竟业圆满。

感谢恩师张安生教授。恩师学识渊博，治学严谨，深耕于方言学研究领域，成果丰硕。愚钝如我，却有幸师从于先生，跟随先生学习做学问，更学习做人。回想初见先生，就被先生的谈吐与气质所折服。先生如今虽年逾七旬，仍然思维活跃，逻辑清晰，说话中气十足，语言简练不赘。面对先生，我常感高山仰止，难以望其项背，因此，难达彼岸的茫然与无望也曾令我踌躇不前。还好，我没有中道而止，最终完成了学业，没有给自己、给先生留下遗憾。写作博士学位论文，工程巨大，从确定选题、搜集资料、拟定提纲，到完成初稿，反复修改，不断完善，先生无不悉心指教，有深夜不眠的字斟句酌，长久反复的沟通讲解，也有恳切的叮嘱、严厉的批评。先生的无私付出，于我就是极大的激励。感谢先生的宽容与严厉，感恩先生的指引与批评，感动先生的无私与要强。

感谢同窗好友的相扶相助，因为你们，才有了同达彼岸、和你们站在一起的我。

感谢家人的支持和付出，理解和牺牲。你们是我坚强的后盾，是我前进的动力，也是我敢于面对失败的底气。

这部专著是我博士生涯的一个总结，希望它能为后来者提供一点参考与借鉴。

卢晓霞

2024 年 10 月